닮고 싶은 사람
한국을 알린 사람들

닮고 싶은 사람
한국을 알린 사람들

초판 1쇄 2018년 7월 27일
초판 2쇄 2020년 5월 28일

글쓴이 | 하지숙
그린이 | 정세라
펴낸이 | 조영진
펴낸곳 | 고래가숨쉬는도서관
출판등록 | 제406-2012-000082호
주소 | 경기도 파주시 회동길 329 (서패동) 2층
전화 | 031-955-9680~9681 팩스 | 031-955-9682
홈페이지 | www.goraebook.com
이메일 | goraebook@naver.com

디자인 | 인디나인
편집 | 이규수
마케팅 | 이예지

글 ⓒ 하지숙 2018 | 그림 ⓒ 정세라 2018

* 값은 뒤표지에 적혀 있습니다.
* 잘못 만든 책은 구입하신 서점에서 바꾸어 드립니다.
* 책의 내용과 그림은 저자나 출판사의 서면 동의 없이 마음대로 쓸 수 없습니다.

ISBN 979-11-87427-70-4 74900
　　　 979-11-87427-69-8 74900(세트)

이 도서의 국립중앙도서관 출판시도서목록(CIP)은 e-CIP홈페이지(http://www.nl.go.kr/ecip)와
국가자료공동목록시스템(http://www.nl.go.kr/kolisnet)에서 이용하실 수 있습니다.(CIP제어번호: CIP2018021535)

KC	**품명**: 도서 | **전화번호**: 031-955-9680 | **제조년월**: 2020년 5월
	제조국명: 대한민국 | **제조자명**: 고래가숨쉬는도서관
	주소: 경기도 파주시 회동길 329 2층 | **사용 연령**: 9세 이상
	* KC마크는 이 제품이 공통안전기준에 적합하였음을 의미합니다.

닮고 싶은 사람
한국을 알린 사람들

하지숙 글 | 정세라 그림

차례

작가의 말 _ 6

몽골 어의가 된 독립 운동가 이태준
작별 인사도 못한 이별 _8
독립운동 기지 마련을 위한 도전 _16
몽골 어의가 된 고려인 의사 _21
약속을 지키기 위해 _25
마자르와 의열단 _32

제2차 세계 대전과 한국 전쟁의 영웅 김영옥
100퍼센트 한국인, 100퍼센트 미국인 _34
새로운 길을 찾아 _38
로마와 피사 해방의 주역 _42
외면할 수 없는 고국 _51
더 나은 미래를 위한 노력 _56
아름다운 인연, 경천애인사의 전쟁고아들 _62

인도네시아의 독립 영웅 양칠성
희망을 빼앗긴 조선의 청년들 _64
억울한 중간자, 포로 감시원 _71

전쟁은 끝났지만 _78
인도네시아의 게릴라 전사 양칠성 _83
열여섯 번의 청원과 '고려독립청년당' _90

행동하는 사람, WHO 사무총장 이종욱

안타까운 한센병 환자들 _94
새로운 시작 _97
인생은 주어진 길만 가는 것이 아니다 _100
WHO와 함께 _104
백신의 황제 _108
최초의 한국인 WHO 사무총장 _112
행동하는 사람, 이종욱 _119
국경없는의사회 _121

이주 여성과 함께 가는 길 한국염

강을 건너는 가족 _124
분노가 힘이 되다 _129
내가 품고 구하여 내리라 _133
콩나물에 물을 주듯 _141
안녕?! 오케스트라 _149

참고 문헌 _ 152

작가의 말

"너무나 애달프고 너무나 슬프다."

이 책을 준비하며 알게 된 우쓰미 아이코 교수의 말입니다. 조선인 군무원으로 인도네시아에 왔다가 인도네시아 독립 전사로 생을 마감한 수바르조(일본 이름 시로야마, 본명 미상)의 마지막 편지를 소개하면서요. 무심히 스쳐가지 않고 제 마음에도 박혀 버린 그 말은, 다섯 분들이 남긴 자취를 찾아가는 동안 내내 머물러 있었습니다.

희망이 보이지 않던 시대에 절망을 딛고 애써 희망을 만들어 간 치열함 때문인지도 모르겠습니다. 혹은 명예와 권위라는 자리에 기울지 않고 조용한 개인으로 돌아설 줄 아는 담백함 때문인 것도 같습니다. 무엇이건 간에 저 같은 사람을 통해, 그분들이 남긴 자취가 덮이지 않고 자주 드러나면 바랄 게 없겠습니다. 다섯 분의 삶이 꿈을 찾아가는 여러분께 용기를 주면서 말이지요. 길을 걷는 여러분이 문득 뒤돌아볼 때 이정표처럼 확인해 볼 수 있게요.

분단으로 갇혀 있던 한반도에 조심스레 '종전'과 '평화'의 분위기가 퍼지고 있습니다. 오랜 시간 쌓인 한과 아픔을 생각해 보면 반갑고도 애달픈 일입니다. 한편으로는 푸르게 자라날 여러분의 기상이 북녘으로 대륙으로 막힘없이 뻗어 나갈 미래가 힘차게 그려집니다. 새로운 역사가 그려집니다.

　낡고 지루하게 느껴져 거리 두었던 역사 가까이에 다가가 보세요. 가만 들여다보면 우리가 있습니다. 그 한 사람, 한 사람의 삶이 눈물겹게 소중하다는 것을 깨닫습니다.

　열린 마음과 상상이 필요합니다. 스스로 판단하며 지난 시간들을 살펴보려면요.

　부디 여러분도 나만의 역사를 찾아가기를, 그리고 나만의 길을 만들어 갔으면 합니다.

　늘 어디서든 절 지켜 주고 계신 아버지, 어머니께 사랑하는 마음을 보냅니다. 감사합니다.

2018년 평화를 소망하며

몽골 어의가 된 독립운동가
이태준

작별 인사도 못한 이별

1911년 12월 31일 오후, 차가운 겨울바람에 옹송그리며 걷는 사람들 사이를 잰걸음으로 파고드는 남자가 있었다. 그는 남대문역이 보이자 잠시 숨을 고르고 옷매무새를 가다듬었다.

'역 안에서 감시하고 있는 밀정들한테 들키지 않으려면 침착하게 행동해야 해.'

그는 천천히 인력거가 늘어선 줄을 지나쳐 매표소로 다가갔다. 열차표를 확인

남대문역
1900년 경인 철도(노량진~인천 간) 개통 당시 경인 철도의 종착역은 남대문역으로 지금의 이화여자고등학교 서편이었다. 이후에 경부선, 경의선, 경원선까지 준공되면서 서울로 들어가는 관문으로서 역할이 중요해지자 1925년 현재 서울역 자리에 새로운 역사를 세우고, 경성역으로 이름을 바꾸었다.

해 보니 바로 탈 수 있는 기차는 평양행이었다.

"평양행 한 장 주시오."

일본 경찰의 체포를 피해 어디론가 떠나려는 이 사람은 우리나라 최초로 설립된 근대적 의학 교육

밀정
일제 강점기에 항일 투쟁을 하는 단체나 사람들의 움직임, 주요 정보를 일제 정보기관에 팔아넘긴 자를 말한다.

기관인 세브란스 의학교의 의사 이태준이었다. 그는 왜 쫓기는 몸이 되었을까?

1910년 8월 29일, 일본은 한일병합조약을 강제로 체결하고, 대한제국을 일본의 식민지로 삼았다. 그로부터 날로 더해 가는 일제의 탄압과 감시에 구국 운동에 참여하고 있던 신민회 단원 김필순과 청년학우회 단원인 이태준은 울분을 품어 왔다.

신민회는 일제가 눈엣가시처럼 여기는 항일 비밀 결사 단체였다. 1905년 일본이 대한제국의 외교권을 빼앗자 미국에서 유학 중이던 안창호가 귀국하여 나라를 구하기 위한 단체, 신민회를 만들었다. 당시 항일 운동을 주도하던 김구, 양기탁, 신채호 그리고 자금책을 맡은 김필순이 합류했다. 이들은 세브란스 병원 의사인 김필순이 따로 운영하는 '김형제상회' 2층에 모여 앞일을 의논하는 모임을 자주 가졌다.

그러던 차에 안중근이 하얼빈 역에서 초대 통감 이토 히로부미를 총으로 쏴 죽이는 사건이 일어났다. 일본은 기회를 놓치지 않고 신민회를 주동자로 지목했고, 평양 대성학교에 있던 안창호를 헌병대로 끌고 갔다. 결국 석 달이나 붙잡고 고문을 하였지만 혐의를 찾지 못해 풀어 줄 수밖에 없었으면서 말이다.

안창호는 쇠약해진 몸을 세브란스 병원에서 추슬렀다. 그곳에서 의학교에 다니던 이태준을 만나게 되었다. 위태로운 나라를 걱정하던 안창호는 자신 못지않은 기상과 곧은 의지를 지닌 이태준을 한눈에 알아보았다. 안창호는 이태준에게 신민회에 속한 청년 운동 조직인 청년학우회에 들 것을 진심으로 권유하며 가입 회비를 내주기까지 했다.

이태준은 아내를 병으로 잃은 후 경상남도 함안에 두 딸을 남동생 내외에게 맡기고 경성으로 올라온 청년이었다. 돈을 벌기 위해 김필순이 운영하는 상회에서 일하던 이태준은 성실함을 인정받았다. 김필순의 권유로 의학 공부를 시작해 스물여덟 살인 1911년 드디어 세브란스병원 의학교 2회 졸업생이 된 이태준은 급작스런 사건을 맞닥뜨리게 된다. 선배인 김필순을 동료이자 스승으로 모시며 병원 생활을 시작한 지 얼마 되지 않은 때였다.

안중근의 사촌 안명근이 지난해 황해도에서 독립군 자금을 모금하다 밀고로 체포되었다. 일제는 신민회와 평안도·황해도 일대의 항일 기독교 지식인을 잡아들일 좋은 기회라 여겼다. 이 기회를 잡아 조선 총독 데라우치를 암살하려 계획했다며 사건을 부풀려 나갔다.

신민회를 중심으로 전국적으로 600여 명을 구속하여 고문을 자행하던 와중에 신민회 핵심 회원인 김필순도 무사할 수 없었던 것이다.

김필순에게 수술을 받고 목숨을 구했던 일본인 형사가 새벽에 찾아와 체포될 것을 일러 주지 않았다면 말이다. 배웅하는 이태준과 중국에서 만나자는 약속을 하며, 김필순은 다급히 신의주행 열차에 올랐다.

그러나 이태준 역시 그날 오후 경성을 다급히 빠져나와야 했다. 병원 안팎으로 이태준과 김필순이 중국으로 망명한다는 소문이 퍼져 위험했던 것이다.

갑작스레 쫓기듯 열차에 오른 이태준은 인사 한 줄 남기지 못하고 떠나온 아픈 마음을 조국이 광복될 날을 그리는 것으로 달래야 했다.

고생 끝에 중국에 도착한 이태준이 어떤 생활을 했는지는 이태준이 안창호에게 보낸 편지에 잘 나타나 있다. 일제의 탄압을 피해 중국으로 망명한 안창호는 한일 강제 병합 이후에 미국으로 건너간 뒤에도 이태준과 편지를 주고받았다.

이태준이 안창호에게 보낸 편지(1912년 7월 16일)

선생님, 경황이 없어 그간 소식을 전해 드리지 못했습니다.
 급하게 조선을 떠나 이곳 난징에 닿았을 때의 막막함이란 한 줄 글로 표현이 모자라겠지요. 단신으로 길을 나서다 보니 아무것도 챙기지 못해 열차에서 내린 제 주머니에는 돈 몇 푼 딸랑거릴 뿐이었습니다. 머나먼 이국땅, 말도 통하지 않는 난징은 어찌나 차갑던지요. 눈물 나는 심정으로 길을 헤매다 작은 십자가가 보이는 건물이 있어 다짜고짜 들어가 보았지요. 의학교 재학 시절부터 익숙한 선교사들을 만날 수 있을까 싶어서요. 다행히 기독교를 믿는 중국인을 만나게 되었습니다. 그분의 도움으로 기독회의원에 취직을 하여 곤궁은 면하였으나 하루빨리 독립에 몸 바치고자 하는 제 열망은 도무지 일과에 재미를 붙이지 못하게 만들었습니다.

5~6개월을 그리 보내다 차츰 이곳 물정이나 중국어에 익숙해져 사람들과 말을 섞다 보니 중국의 정당 인사들, 조선 유학생들과도 교류를 하게 되었습니다. 유학생들은 중국 혁명 세력 내 학생군에서도 활동하였다고 합니다. 전 비로소 동지를 만난 듯해 조국 독립을 향한 열정이 뜨겁게 타오르고 있습니다. 그럴수록 어딘가에서 활동하고 계실 김필순 선생님 생각이 간절해집니다. 떠나기 전 소망하신 대로 중국 혁명 운동에 위생대로 참여하셨을까요? 혁명군에서 쌓은 경험으로 조국 광복에 함께 힘을 보태자 굳건히 맹세했건만 소식을 알 수 없어 답답한 심정 이루 헤아릴 길 없습니다. 행여 선생님과는 서신을 주고받는지 궁금합니다.

위생대
군인들을 위해 위생과 간호에 관한 일을 맡아 보는 부대이다.

제중원
조선 시대에 미국 의료 선교사 알렌이 세운 최초의 근대식 국립 병원. 세브란스 병원의 전 이름이다.

　　이태준이 애타게 찾던 김필순은 하얼빈에서 북서쪽으로 네 시간 정도 거리에 있는 헤이룽장성 치치하얼에 정착했다.

　　북쪽의 제중원이라는 뜻을 담은 북제 진료소를 운영하며 조선인 이상촌 건설과 신흥무관학교 교육, 운영에 힘을 쏟았다. 치치하얼에서의 생활이 자

리 잡아 가던 1919년, 김필순은 일본인 조수가 건넨 우유를 마신 후 갑작스레 숨을 거두고 만다. 그의 나이 마흔하나였다.

결국 이태준은 김필순을 다시 만날 수 없었고, 스스로 독립운동의 길을 찾아나서야 했다.

독립운동 기지 마련을 위한 도전

일제는 서간도 통화에 세운 독립운동 기지를 초토화시키며 간도·만주 일대에 영향력을 넓히고 있었다. 독립운동가들에게 일본의 손이 닿지 않는 곳에 독립군을 기를 터전이 절실해졌을 무렵, 이태준은 비밀 군관 학교를 세우고자 한 김규식과 함께 몽골로 떠났다.

우사 김규식은 언더우드 목사의 지원으로 성장하여 미국 유학을 마친 인재였다. 국제 정세에 밝고 영어, 프랑스어, 독어, 라틴어 같은 외국어 실력이 뛰어나 1919년 파리강화회의에 가 한국 독립을 호소하기도 했던 민중 계몽 운동가였다. 그 역시 상해로 망명했다가 김형제상회를 드나들며 얼굴을 익힌 이태준을 난징에서 다시 만나게 된 것이다.

이들 일행이 중국 국경을 넘자 끝없이 드넓은 초원이 펼쳐졌다. 말을 달려 몽골의 후레로 향하던 이태준은 이따금 뒤를 돌아 지평선 너머를 가늠해 보곤 했다

'경성을 떠나 난징으로 이젠 또 몽골로. 조국으로 돌아가는 길이 점점 멀어지고 있다. 그러나 흔들림 없이 일하다 보면 광복의 날은 반드시 곧 다가올 거야.'

야심차게 몽골에 온 두 사람의 계획은 수월하게 풀리지 않았다. 마냥 시간만 보낼 수 없다고 판단한 김규식이 먼저 이야기를 꺼냈다.

"이 형, 국내에서 보내 주기로 한 군관 학교 설립 자금이 자꾸 미뤄지고 있소. 우리 스스로 자금을 모아야 하니 나는 상해로 돌아가겠소. 거기서 할 만한 사업을 알아보는 게 낫겠다 싶군."

"맞습니다. 이렇게 손 놓고 기다리고 있는 것보단 뭐라도 하는 게 낫겠지요. 전 여기에 남아 볼까 합니다. 몇 달 지내며 살펴보니 여러 나라 상인들이 모여드는 도시답지 않게 제대로 된 병원이 없더군요. 조금만 치료해도 나을 수

후레
지금의 울란바토르.

있는 병자들이 방치돼 안타까웠습니다. 그들을 치료하며 터전을 닦아 놓으면 몽골이 러시아와 중국 그리고 우리나라를 잇는 독립운동의 중요한 거점이 되리라 생각합니다."

두 사람은 힘찬 악수로 서로가 가야 할 앞길을 응원해 주었다.

'세브란스 의전에서 배운 고귀한 인술로 이곳 사람들에게 도움이 되는 일을 해 보자!'

아담한 2층 목조 건물을 빌린 이태준은 병원 이름을 '동의의국'이라고 지었다. 독립운동을 하는 사람이라면 누구나 알 수 있는 굳은 의지의 표현으로, '의로움을 같이하는 동지들의 병원'이라는 뜻이었다.

"따랑."

병원 문에 달린 종이 울렸다. 온몸에 종기가 가득한 남자가 거친 숨을 몰아쉬며 들어왔다.

이태준은 얼른 일어나 남자의 팔을 잡으며 부축했다. 남자는 자신의 상황을 간절하게 설명했다. 몽골어가 서툰 이태준이었지만 그 말이 살려 달라는 뜻이라는 건 알 수 있었다.

이태준은 먼저 청진기로 환자의 맥박을 확인하고, 몸 전체를 살피기 시작했다. 남자의 몸에는 종기가 퍼져 있었다. 후레에서 유독 흔하게 보이는 증상이었다.

후레는 인도, 중국, 티베트, 부탄 같은 곳에서부터 몰려드는 상인들로 북적대며 각종 전염병이 유입되고 있었다. 게다가 당시 몽골 사람들이 믿는 라마교에서는 주문이나 술법으로 병을 치료할 수 있다고 믿어서 쉽게 치료할 수 있는 병을 더 키우는 상황이었다. 거리에는 아픈 이들이 넘쳐났지만 과학적이고 현대적인 의술 보급과 위생 교육은 거의 이루어지지 않고 있었다.

가난한 몽골 인들이 병에 걸리면 사원에 가서 기도를 올리거나 무당을 불러 굿을 했다. 그 모습은 고향 함안의 풍속을 떠올리게 했다. 이태준은 더욱 애잔한 연민을 가지고 이들을 치료하는 데 힘을 쏟았다.

깊어만 가던 병에 지푸라기라도 잡는 심정으로 이태준이 이끄는 대로 '동의의국'에 왔던 환자들은 주사를 놓거나 상처를 솜으로 소독하고 약을 바르는 치료법이 새롭고 놀랍기만 했다. 종기로 고통스러워하던 환자도 치료약을 먹이자 나아져 갔다.

라마교
티베트에서 크게 성행하는 불교의 한 종파. 몽골·부탄·네팔에도 널리 보급되어 있다.

"선생님, 감사합니다. 병원에 오지 않았다면 전 이 병에 걸렸던 다른 사람들처럼 고통스럽게 앓다가 결국 미쳐서 죽고 말았을 겁니다. 병이 말끔히 낫다니 이게 꿈인지 생시인지 모르겠어요."

이태준은 눈물을 글썽이며 감사해하는 환자에게 꼭 당부할 사항이 있었다. 말이 통하지 않아 두 손을 열심히 비비며 씻는 흉내를 내면서 지켜야 할 생활 습관을 알렸다.

"집에 들어오거나 음식을 먹기 전에는 꼭 손을 씻으셔야 합니다. 그래야 세균이 몸에 들어가 병을 일으키는 걸 막을 수 있습니다. 그리고 되도록 자주 몸을 씻어서 청결에 신경 쓰세요."

이태준의 따뜻한 행동은 환자들을 감동시켰다. 곧 몽골 전역에 고려인 의사가 죽어 가는 사람도 살린다는 소문이 퍼지기 시작했다.

'치료제를 쓰면 어렵지 않게 나을 수 있는 병인데도 그걸 몰랐으니 그동안 많은 사람들이 제대로 된 치료를 받지 못하고 죽어 갔구나. 아, 정말 안타까운 일이야. 몽골 사람들 곁에 남아 한 생명이라도 살리는 것이 의사로서 내게 주어진 사명이다!'

후레 지역에서는 이미 그를 모르는 사람이 없을 정도였다.

이태준은 몽골에서도 조선에서처럼 '대암'이라는 호를 썼다. 지친 사람들이 쉬어 가는 큰 바위 그늘 같은 존재가 되라는 뜻대로 후레의 병든 사람들은 그를 찾았다. 몽골인들은 '대암'을 몽골식인 '리다인'으로 발음했다.

몽골 어의가 된 고려인 의사

이태준의 활약으로 몽골 사람들의 목숨을 앗아 가던 병이 사그라질 무렵, 몽골의 마지막 왕 잡잔담바 보그드 칸이 이태준을 궁으로 불러들였다.

나무로 지은 화려하고 웅장한 라마교 사원 오른편에 있는 서양식 2층 목조 건물에 보그드 칸 부부가 살고 있었다.

"신 리다인, 보그드 칸께 인사를 여쭈옵니다."

"오, 자네가 내 백성들 사이에서 '신인'으로 불리는 까레이 의사(고려인 의사)로군. 자네가 수많은 목숨을 구했다지. 참으로 고맙고 그 공이 크네."

"의사로서 아픈 사람을 치료하는 것은 당연한 일이온데, 칸께서

직접 불러 칭찬해 주시니 영광일 따름입니다."

"자네의 그 신통한 의술을 이젠 짐도 받아 볼 수 있으려나. 내 오늘 자네를 부른 건 왕실 어의에 임명하고자 함일세. 부디 짐과 왕실이 강건하도록 힘써 주게나."

보그드 칸은 승려처럼 짧게 깎은 머리에 어두운 안색을 띠었으나 목소리에는 따스함이 흘렀다. 이태준은 타국에서 온 이방인 의사에서 왕의 건강을 책임지는 어의로 다시없을 명예와 탄탄한 신분까지 얻게 되었다.

그와 함께 몽골에 주둔하는 중국 사령관 가오 시린의 주치의까지 맡게 되었다. 몽골 제국은 14세기 무렵 해체된 후 유목 생활을 이어 갔다. 그러다 청나라의 지배를 받게 되었고, 신해혁명으로 청이 중화민국으로 바뀐 뒤에는 몽골에 중국 사령관 세 명이 주둔하였다.

"리다인 선생님은 살아 있는 신이셔. 다 죽어 가던 우리 애를 싹 낫게 해 주셨다니까. 그 은혜를 어찌 다 갚을 수 있겠어. 선생님이 손을 대면 낫지 못할 병이 없다니까."

"정말 극락세계에서 내려오신 여래불임에 틀림없어."

몽골 사람들은 이처럼 이태준을 한없는 존경심을 가지고 대했다.

1919년 7월 보그드 칸은 현대 의술을 몽골인들에게 널리 베푼 이태준의 공을 인정하여 국가 훈장을 수여하였다. '에르데니-인 오치르'라 하는 외국인에게 내리는 것으로는 등급이 가장 높은 훈장으로 '귀중한 금강석'이라는 뜻이 담겨 있었다.

독립운동을 위해 중국 난징에서 다시 몽골로 모든 것을 버리고 떠나온 삶을, 그 길에서 의사로서의 책임을 놓지 않았던 고단했던 삶을 이태준은 그제야 위로받은 듯했다.

현재 몽골의 수도 울란바토르 한복판에는 자이산 언덕이 있다. 그곳에 자리한 승전 기념탑 아래에 '이태준 기념 공원'이 있어 사람들의 발길을 잡고 있다.

태극기와 몽골기가 함께 나부끼는 깃대를 지나쳐 작은 통나무집 형태의 기념관에 들어서면 이태준이 살아온 행적을 고스란히 되짚을 수 있다.

약속을 지키기 위해

"리다인, 리다인!"

병원 문을 거칠게 열고 들어온 중국 사령관 가오 시린은 이태준을 급하게 찾았다.

"무슨 일이십니까?"

"우리 부대는 후레를 떠난다. 나는 이번 전투에 끼어들지 않고 중국으로 귀환할 거네. 여기 남는 건 위험하니 함께 가도록 하세."

"말씀은 감사하지만 저는 여기에 남겠습니다. 병원도 지켜야 하고, 저 같은 의사가 이럴 때일수록 더 필요하지 않겠습니까."

"뭐? 여기 남아 러시아 백군이라도 치료해 주겠다는 건가! 내가 적들을 치료하게 너를 놔둘 것 같아! 네 손을 망가뜨리겠어!"

이태준의 정중한 거절에 가오 시린은 격분하여 총으로 손등을 세게 내리쳤다. 그러나 이태준은 흔들리지 않았다. 해야 할 임무가 있었기 때문이다.

몽골에서 의사로서 명성을 쌓는 동안 이태준은 독립운동가로서도 사명을 다하고 있었다. 동의의국 한 층에는 언제나 중국과 러시아를 오가는 애국지사들이나 일제의 감시를 피해 온 이들이 늘 머물고 있었다.

이곳은 항일 독립운동가들에게 숙식과 교통을 제공하는 휴식처이자 비밀 연락처였다. 또한 독립 자금을 운반하는 경로로 요긴하게 쓰였던 것이다.

이 무렵 러시아에서는 황제를 쫓아내고 공화제가 선포되는 혁명이 일어났다.

1920년 레닌의 러시아 혁명 정부는 상해임시정부에 거금 200만 루블을 독립운동 자금으로 지원하였다. 전 세계 약소민족의 해방을 위해 지원을 약속하고 있었기 때문이다. 그 1차분 40만 루블을 나누어 상해까지 운반하는 가운데 일부를 이태준이 옮기기로 한 것이다. 또 한 가지는 동의의국에서 운전사로 일하는 마자르를 북경으로 데려가 의열단에 소개시키는 일이었다.

의열단은 1919년 11월 만주 지린성[吉林省]에서 조직된 항일 무력 독립운동 단체이다. 1920년대에 일본 고관(高官) 암살과 관공서 테러 같은 활발한 활동을 하였다. 약사 김원봉이 단장을 맡았다. 마자르

공화제
주권이 한 사람의 의사에서가 아니라 합의체 기관에서 나오는 정치 제도. 민주 정치를 뜻한다.

는 헝가리 출신의 폭탄 제조 전문가로, 1차 세계 대전에 참전해 연합군 포로가 되었다. 이후에 몽골로 도망쳤지만 조국에 돌아갈 여비가 없어 후레에 머물다 이태준과 인연을 맺었다.

이태준은 당시 무장 독립운동을 하는 의열단 단원이었다. 북경에 갔다가 의열단 단장 김원봉을 소개받아 그 자리에서 입단을 하였던 것이다.

의열단은 조선 총독부나 경찰서에 폭탄을 던져 일제를 깜짝 놀라게 했으나 폭탄의 위력이 늘 문제였다. 목숨을 걸고 감행한 거사였으나 고작 마루에 구멍을 내는 수준이었기에 성능이 우수한 폭탄을 제조할 수 있는 기술자가 꼭 필요했다.

이태준은 마자르에게 의열단을 위하여 성능 좋은 폭탄을 제조해 달라고 부탁했다. 그러자 조국 헝가리처럼 나라를 빼앗긴 조선의 처지를 안타까워하던 마자르는 이태준의 제안을 기꺼이 받아들였다.

철수한 중국군 대신 '미친 남작'이라 불리는 운게른 대장과 백위군이 학살과 약탈을 일삼자 후레는 정국이 불안하였다. 러시아 혁명에 끝까지 반대하

백위군
제정 러시아 군대. 백군이라고도 한다. 이들은 1917년 러시아 혁명 때, 공산당의 붉은 군대라 불리던 정규군인 적군에 맞서 황제를 지지하여 정권을 되찾으려고 했던 반혁명군이다. 1922년 10월 소련은 백군을 완전히 격퇴했다.

며, 쫓겨난 황제를 지지하는 귀족파 백위군은 보그드 칸의 협조로 후레를 점령하고 있던 중국군을 몰아냈다. 이제는 그들이 후레의 새로운 통치자가 되어 온갖 만행을 저질렀다.

이태준은 집 마당에 묻어 놓은 4만 루블 금궤를 꺼내며 며칠 전의 일을 떠올렸다.

"따랑따랑!"

거세게 의국 문을 여는 소리에 이태준은 고개를 들었다.

"선생님, 큰일 났습니다. 그 악독한 백군이 집에 쳐들어와 마구 뒤지고 있어요. 값나가 보이는 물건을 챙겨 가려고 난리도 아니에요!"

벌떡 일어난 이태준은 숨을 헐떡이는 심부름꾼을 뒤로하고 집으로 달렸다.

'아뿔싸! 어제 의국을 뒤지고 가서 한동안은 잠잠할 줄 알았는데, 집에까지 쳐들어올 줄이야. 아, 놈들이 독립 자금을 찾으면 안 될 텐데. 들키면 모두 무사하지 못할 텐데.'

다급하게 들어선 집 안은 태풍이 휩쓸고 간 듯 제자리에 있는 물건이 하나도 없었다. 이미 떠난 백위군들이 남긴 흙발자국만이 지저분하게 찍혀 있을 따름이었다. 다행히 마당은 헤쳐져 있지 않았다. 이태준은 덜덜 떠는 집안사람들에게 아무도 다치지 않은 게 천만다행이라며 달랬지만 샅샅이 털어 간 운게른 부대에게 금궤를 들켰다면 목숨을 부지할 수 없었을 상황이었다.

백위군 때문에 쉽게 후레를 빠져나가기도 어려운 상황이었지만 이태준은 자신들을 기다릴 동지들을 떠올리며 마음을 다잡았다.

아침 일찍 말을 달려 사막을 건너던 이태준과 마자르는 백위군 병사들이 추격해 오는 소리를 들었다.

'아! 이럴 수가.'

눈을 마주친 두 사람은 열심히 말을 몰았으나 곧 병사들에게 포위당하고 말았다. 그러나 외국인이었던 마자르는 풀려나고 이태준은 다시 후레로 끌려갔다. 운게른은 말 등에 있던 금궤가 러시아 혁명 정부의 지원금임을 알자 이를 갈았다.

게다가 부대 안에 합류해 있던 일본군 장교들은 이태준을 '불량한 조선인'으로 점찍어 놓았으므로 총살형을 피할 수 없었다.

죽음을 예감한 이태준은 비통한 얼굴로 말을 타고 떠나던 마자르가 무사하기를 기도했다. 조국의 해방을, 자유의 날을 보지 못해 원통했지만 마음으로 미리 그려 보며 조국을 위해 기도했다. 그리고 몽골에서 만난 순박한 이들, 해맑게 웃던 사람들을 떠올리는 순간,

"탕."

한 발의 총성이 울렸다.

1921년 2월 인도주의적 의사이며 독립운동에 뜨거운 열정을 바쳤던 이태준은 서른여덟의 짧은 인생을 몽골 후레에서 마감했다.

마자르와 의열단

마자르는 혼자서 북경으로 갔다. 이태준과 한 약속을 지키고 싶어서였다. 북경 뒷골목 술집을 헤매며 조선인을 만나면 의열단 단장 김원봉을 아느냐 묻고 다니다 극적으로 김원봉과 만나게 된다. 마자르는 이후 의열단을 위해 열성적으로 폭탄 제조에 힘을 쏟아 '고성능 폭탄'을 만들어 내는 데 성공한다. 이 폭탄을 국내로 무사히 들여와 암살 파괴 계획을 짜던 중 동지 중에 숨어든 일제 밀정의 신고로 사전에 발각되고 만다. 그러나 그 와중에도 1924년 1월 5일 단원 김지섭은 일본 동경 궁성 밖 이중교에 폭탄을 던지는 큰 사건을 일으켰다.

의열단은 1919년 11월 9일 무력 투쟁의 필요성을 느낀 독립운동가들이 만주 지린성에서 조직한 새로운 항일 비밀 결사 단체다. 끊임없는 개인 폭력 투쟁으로 독립을 쟁취하려 하였으나 1920년대 후반부터 개인의 투쟁에 한계를 느끼고 무장 투쟁 노선으로 전환했다. 황포 군관학교에서 단원들은 체계적인 군사 훈련을 받으며 상당수가 사회주의 사상에 영향을 받았다. 중국 국민당의 지원을 받아 '조선혁명간부학교'를 세워 군사 훈련을 실시하였고 중국 안에서 우리 정당·단체가 함께 힘을 모아 활동하기 위해 세운 '민족혁명당' 결성에 중심 역할을 하였다.

신채호는 단장 김원봉의 요청으로 '의열단 선언'이라 불리는 〈조선혁명선언〉을 발표했다.

이들을 만났던 미국 출신 언론인 님 웨일즈는 항상 죽음을 가까이에 두고 사는 단원들은 사진 찍기를 좋아하며 언제나 이번이 죽기 전에 마지막으로 찍는 사진이라 생각했다고 기록하였다. 하지만 다른 이야기도 전해진다. 의열단 단원은 얼굴이 노출될 경우 탈출·도피 과정에서 잡힐 수 있고, 또다시 활약하는 데 제약이 커 기념사진을 남기지 않는 것으로 알려져 왔다. 간혹 찍더라도 원판을 철저히 회수했다고도 전해진다.

제2차 세계 대전과 한국 전쟁의 영웅
김영옥

100퍼센트 한국인, 100퍼센트 미국인

대한민국의 어린이들!

　부모님의 나라 한국을 떠올리니 병상에 누워 있는 몸이지만 기운이 나는구나. 지금 이 할아버지는 암이라는 힘든 적을 만나 싸우고 있단다. 내가 걱정된다고? 허허허, 이래 봬도 나는 수많은 전쟁에 참가해 맡은 바 임무를 제대로 해낸 군인이었어. 이번에도 너희가 나를 보며 용기를 가질 수 있도록 최선을 다해 싸워 보마.

　그렇지만 죽고 사는 문제는 내 힘으로 어떻게 할 수 없는 일이지. 너희들이 이 편지를 읽을 때쯤 나는 여기에 없을지도 모르겠구나. 내가 살아온 시간과 그때 일어났던 일들이 그래서 잊힌다면…… 안 될 일이지. 지나온 역사를 기억해야 같은 잘못을 되풀이하지 않을 테니까 말이야. 자, 마지막 힘을 내서 남기는 이 할아버지의 이야기를 열심히 들어 주렴.

아직 내 소개도 하지 않았구나. 내 이름은 김영옥이고, 1919년 로스엔젤레스에서 태어났어. 내 아버지 김순권은 한일 강제 병합으로 나라의 통치권을 일본에게 빼앗긴 1910년 무렵 미국으로 밀항을 하셨어.

조선에 와 있던 선교사들에게 미국 이야기를 들으며 호기심을 갖게 된 까닭도 있고, 무엇보다 일본이 지배하는 땅에서 살고 싶지 않으셨단다. 신여성이었던 어머니 노라 고는 공부를 하고 싶어 미국으로 왔지만, 농장에서 일하다 나중에는 장사를 하느라 꿈을 이루지 못하셨어. 아버지와 어머니는 편의점을 운영하셨는데, 영어를 잘하신 덕분에 장사가 무척 잘되었어. 하지만 아버지는 독립운동단체인 대한인동지회(大韓人同志會)에 항상 많은 돈을 내놓으셔서 우리는 가난하게 지내야 했지.

대한인동지회는 1924년 10월 하와이에 사는 한인 교포들이 만든 단체란다. 이승만을 중심으로 모여 독립운동을 이어 가려 했어.

우리 아버지가 밀항해서 처음 내린 곳이 하와이였거든. 사탕수수밭에서 열심히 일해 돈을 모아 미국 본토로 가셨던 거야. 독립운동에 뜻을 품고서 말이야.

　대한인동지회는 미국 본토에 본부를 두고 있었어. 상해임시정부를 지지하며 독립운동 자금을 모으면서 교포들을 하나로 단결시키는 역할도 했단다.

　우리 가게에 주말마다 동지회 회원들이 찾아와 밤새 조국 이야기를 하던 때가 떠오르는구나. 어린 마음에 쉬지도 못하고 음식을 만드는 어머니가 안타까워서 아버지가 싫기도 했었어. 이제는 교민 단체로 활동하고 있는 대한인동지회의 시작은 그랬단다. 멀리 조국을 떠나왔지만 늘 나라 걱정을 하고 일을 해 번 돈을 독립 자금으로 내느라 결혼도 하지 못한 회원들이 많았지.

　어릴 때는 가난을 벗어나지 못하는 집안을 원망했지만 조국을 잊지 않게 해 주신 아버지가 무척 고맙단다.

　나는 미국 시민이기도 해.

　그러나 성장하면서 인종 차별을 많이 겪어야 했어. 백인 아이들이 '지도에도 없는 나라' 출신이라고 시비를 걸거나 가게를 가도 피부색이 다르다는 이유로 눈총을 받았지. 유색 인종들은 대학을 나와도 취직이 어려운 현실이었어. 어차피 대학을 졸업해도 채소 가게나 세탁소, 정육점에서 일할 거라면 공부가 무슨 소용이 있겠나 싶었지. 결국 나는 어렵게 들어간 대학을 중간에 그만두었어.

하지만 미국은 나와 내 가족이 평생을 산 곳이고, 내가 능력을 발휘할 기회를 준 나라이기에 원망하지 않는단다. 오히려 기회가 있을 때마다 사람들에게 '나는 100퍼센트 한국인이며, 100퍼센트 미국인'이라고 말한단다.

새로운 길을 찾아

대학교를 그만두고 방황하던 나는 2차 대전이 막 시작되었을 때 군대에 자원했어. 아직 미국이 2차 세계 대전에 참전하기 전이었지. 그때 미국 군대는 아시아계를 받아 주지도 않았어. 계속되는 전쟁이 미국에도 전운을 뻗치자 결국 우리에게도 입대 영장을 보냈지만 말이다. 하지만 백인들이 '찢어진 눈'이라고 비웃던 우리는 기본 군사 훈련이 끝난 뒤 전투병이 아닌 취사병, 행정병, 정비병으로 보직을 받았단다. 할아버지도 전투병이 되고 싶었으나 정비병으로 일해야 했지. 그래도 불만을 드러내기보다 주어진 상황에 최선을 다하니 기회가 오더구나.

"영, 이제 웬만한 장비는 손쉽게 해치우는걸. 열심히 일한 자네에게 선물이 있네."

어느 날, 중대장이 '육군 장교 후보생 학교' 지원서를 내밀었지. 일본이 하와이 진주만을 기습하자 미국도 2차 대전에 참전한 시기였어. 전쟁이 맹렬해지자 전투를 이끌 장교가 모자란 탓도 있지만, 중대장은 일을 빨리 익히는 내 능력을 눈여겨보았던 거야. 나는 이 기회를 놓치지 않기로 결심했어. 학교에 들어간 유일한 유색인으로서 백인들에게 뒤지지 않는 능력이 있다는 걸 보란 듯이 증명하고 싶었거든.

할아버지는 3개월간의 교육 동안 장교 후보생 가운데 반 이상이 탈락하는 혹독한 과정을 이겨 냈어. 이 과정을 통해 내가 유능한 장교가 될 수 있다는 자신감이 생겼단다. 지도에 표시된 내용을 읽어 내는 능력은 군인에게 꼭 필요하거든. 신기하게도 나는 지도를 펼치면 머릿속에 실제 지형이 그려지더구나. 동료들에게 동물 같다는 말을 들을 만큼 방향 감각도 뛰어났지. 적어도 부하와 동료들을 위험한 곳으로 이끌지는 않겠다 싶은 자신감은 생겼어.

나는 '육군 장교 후보생 학교'를 졸업하고, 제100 보병대대로 가게 되었단다. 그 부대는 일본계 미국인 2세가 대부분이었어. 일본과 싸우던 미군은 미국에 사는 일본계들에게 충성심을 보이라는 듯 징집을 해 따로 부대를 만들었던 거야.

나는 대대장에게 전입 신고를 하려고 갔어.

"소위 김영옥 100대대 근무를 명령받아 신고합니다."

"저런, 군에서 귀관을 일본인으로 잘못 파악해 100대대로 보냈군. 김 소위, 다른 부대로 전출시켜 주겠네."

상관은 나를 다른 부대로 보내 주겠다고 했어. 한국이 일본의 식민 지배에 울분을 품고 대항하던 역사적 상황을 이해한 상관은 내가 일본인 병사들을 상대하는 게 껄끄럽겠다고 판단한 거야. 하지만 내 생각은 달랐단다.

"아닙니다. 저는 상관없습니다. 이 부대에 남겠습니다."

"뭐라고?"

"일본인이든 아니든, 그들도 저도 모두 같은 미국 시민입니다. 우리의 목적은 전쟁에 나가서 이기는 것 아닙니까? 이곳을 떠날 이유가 전 없습니다."

상관은 잠시 놀랐지만 내 뜻을 받아 주었어. 일본계 장병들과 잘 어울리기를 당부하면서 말이야.

제2차 세계 대전과 한국 전쟁의 영웅 김영옥

처음에 그들은 나를 상관으로 인정하지 않았어. 게다가 이 부대는 오합지졸, 복장부터 군율까지 제대로 지키지 않아 엉망이었지. 나는 그들에게 혹독한 실전 위주 훈련을 시키고 또 시켰어. 전쟁터에서 살아남으려면 이 길밖에 없었기 때문이야. 우리 부대는 훈련장에서 흘린 땀만큼 점점 달라지기 시작했지.

"실전이다!"

드디어 상부로부터 전장에 나가라는 명령이 떨어졌어.

나와 대원들은 배를 타고 대서양을 횡단해 아프리카에 내렸다가 이탈리아로 향했어. 이때만 해도 나는 스물네 살, 애송이 군인일 뿐이었지. 전쟁터에서 배운 대로 도망치지 않고 용감하게 싸울 수 있을지 확신도 없었어.

로마와 피사 해방의 주역

이탈리아는 독재자 무솔리니를 해임한 이탈리아 왕 빅토르 엠마누엘 3세가 연합군에 항복한 상태였고 해체된 이탈리아 군 대신 독일군이 이탈리아를 장악하고 있었어. 독일군은 병력을 총동원해

방어막을 강화시키며 이탈리아를 넘겨주지 않겠다는 의지를 보이고 있었지.

1943년 9월 우리 군은 나폴리 남쪽 작은 해안 도시 살레르노에 상륙했어. 마침 폭우가 쏟아졌지만 우리는 북으로 행군을 계속했어. 낮은 언덕이 모여 있는 구릉 지대가 나타나 천천히 넘어가고 있을 때였지. 독일군이 기습 공격을 하면서 첫 번째 전투가 시작된 거야. 미처 대비를 하지 못한 우리 병사들은 독일군이 쏜 기관총 세례를 받아 땅에 엎드려 피하기 바빴지. 나는 그 위험한 순간에도 침착하게 상황이 파악되며 해야 할 일이 떠오르더구나. 그랬기에 냉철하게 작전을 지시할 수 있었어. 나는 병사들을 이끌고 독일군과 우리 부대 사이에 있는 계곡을 가로질러 뛰었어. 기관총 진지 뒤로 우리가 다가가자 위험하다 판단한 독일군은 철수했단다.

비로소 나는 불안했던 마음을 떨쳐 버리게 되었어. 또 가장 소중한 소득은 부하들이 나를 믿게 되었다는 거야. 독일군을 상대하는 여러 전투를 거치며 100대대 부하들은 나를 '사무라이 김'이라고 부르더구나. 훈련을 하는 동안 한국계인 나를 잘 따르지 않던 그들이 말이야. 나는 전공을 인정받아 중위로 진급도 하였어.

얘들아, 군인답다는 건 뭘까? 때로는 주위에서 무모한 작전이라고 말려도, 내가 해결해야 하는 임무라 판단하면 나설 줄 아는 사람이 아닐까? 죽음을 언제나 가까이 두고 지내는 전장에서 몸을 사린다 한들 살아남을 수 있을까? 그렇다고 내가 무모하게 돌진만 외쳤던 건 아니란다. 작전을 잘 짜면 승산은 늘 있었어. 바로 '로마 해방전'처럼 말이야. 그 이야기를 들려주마.

독일군은 이탈리아 반도 중부 카지노를 중심으로 단단한 방어선을 형성해 놓고 있었어. 우리 사령부는 로마를 되찾기 위해 근처 해변 지역인 안지오에서 총공격을 감행하기로 결정했단다. 이 작전을 성공시키려면 연합군보다 화력이 뛰어난 독일 탱크 사단의 위치를 파악해야 하는데, 그만 놓쳤다는 거야. 만약 연합군이 공격하는 길목에 독일 탱크 사단이 매복해 있다가 공격을 한다면 작전은 실패할 것이 분명했지. 우리 연합군이 이탈리아에서 밀려날 수도 있는 상황이었어. 하지만 우리에게는 정보가 너무 없었어. 지휘부에서는 독일군 포로를 잡아 전선을 파악하려 애썼지만 독일군이 그리 호락호락한가.

100대대 정보 참모였던 나는 이 일은 내가 해결하겠다고 결심했어. 나는 구체적인 작전을 세워 두고 있었어. 밤에 적진으로 들어가 있다가 경계가 느슨한 아침에 독일군을 잡아 오자는 것이 내 생각이었어. 적의 허를 찌르자는 거였지. 자살행위다, 무모하다며 만류하는 사령부도 결국 내 고집을 꺾을 수 없었어.

우선 작전 지역인 시스테르나 일대의 항공 사진을 받았어. 내 주특기 기억하지? 사진과 대조해 가며 쌍안경으로 지역을 관찰해 지형을 세밀하게 익혀 나갔단다. 그곳은 연합군과 독일군이 서로 철조망을 쳐 놓은 채 대치하고 있었어. 철조망 사이에는 양쪽 군이 묻은 지뢰가 촘촘히 심어져 있었고, 철조망 뒤에는 독일군이 파 놓은 참호가 있었어. 독일군들은 참호 안에서 지키고 있다가 움직이는 건 뭐든 마구잡이로 사격을 했단다. 물론 마주 보고 있는 우리 연합군도 그랬지만 말이다. 하지만 아침이면 밤새 보초를 서던 독일군이 식사를 하고 잠든다는 걸 관찰하며 알게 됐어.

적은 인원이 빠르게 움직여야 하는 작전이어서, 자원한 부하 네 명 중에 나는 침착하고 의지가 굳은 아카호시 일병을 뽑았어. 나와 아카호시는 밤늦게 길을 나섰지. 우리는 미리 제거해 둔 아군의 지뢰밭을 통과했어. 그다음부터는 독일군 지뢰밭이었어. 땅바닥을

손으로 더듬으며 기어갔어. 어둠 속에서 온 신경을 손가락 끝으로 보내 지뢰를 피한 거야. 드디어 철조망에 다다랐지. 작은 소음이라도 내는 날에는 독일군의 총알을 피할 수 없었어.

독일군 철조망을 절단기로 자를 땐 어찌나 아슬아슬하던지. 세게 부는 바람 덕에 소리가 묻혔던 건 행운이었어. 적진에 들어간 거지. 독일군 참호가 손에 닿을 것 같은 곳에서 땅의 냉기를 고스란히 느끼며 꼼짝없이 엎드려 아침을 기다렸단다.

나는 아카호시 일병과 함께 희뿌옇게 밝아 오는 하늘을 바라보았어. 기침 소리 하나라도 내면 들키는 상황에서 우리는 대신 눈빛을 주고받았어.

"곧 독일군이 자기 진지로 돌아갈 거야. 조금만 더 기다리자."

"걱정 마십시오!"

드디어 참호에서 독일군이 나와 지하 벙커로 들어갔어. 밤새 보초를 서던 그들도 이때는 마음을 놓고 있어서 포복한 채 살금살금 뒤따라가는 우리를 눈치 채지 못했어. 물이 마른 도랑에 숨어 기다리자 코고는 소리가 들려오는 게 아니겠어. 독일군 보초들이 가장 마음을 놓는 아침 9시! 포로 생포 작전 개시였지.

도랑에서 나온 우리는 밀밭에 몸을 숨겼어. 여전히 바닥에 찰싹 달라붙어 기어가다가 사격 진지 옆 개인 참호에서 잠든 독일군 두 명을 찾아냈어. 그들의 입에 총구를 들이밀고 소리 내지 말라는 몸짓을 했지. 겁에 질린 독일군은 순순히 말을 듣고 무기를 내려놓았어. 이젠 네 명으로 불어난 인원이 독일군에게 발각되지 않고 부대로 돌아가는 것이 관건이었어. 포로들과 우리는 직선 코스를 골라 기어갔지. 나는 독일군을 앞세운 아카호시 일병을 바라보았어. 때마침 눈이 마주쳤어.

"중위님, 우리 성공할 수 있을까요?"

"그럼! 끝까지 경계를 늦추지 않으면 성공하고말고. 아군 참호가 바로 저기 있어."

마침내 우리는 임무를 완수했어.

포로로부터 얻은 정보를 활용하여 1944년 5월 23일 '버팔로 작전'이란 총공격을 개시해 우리는 6월 4일 드디어 로마를 되찾았단다. '포로 생포 작전'은 UPI 통신 종군 기자를 통해 전 세계로 알려졌고 말이야. 나는 이때 세운 공으로 미군 특별무공훈장뿐만 아니라 이탈리아 정부에서 주는 무공훈장도 받았단다. 중위에서 대위

로 계급도 올려 주더구나.

 '로마 해방전' 뒤 우리는 독일군의 기세를 꺾어 가며 전투를 계속하여 북쪽으로 올라갔어. 곧 이탈리아 반도를 가로지르는 아르노강을 눈앞에 두게 되었지. 로마를 내준 독일군이 방어선을 치고 연합군을 기다리고 있었단다. 강을 건너 독일군 방어선을 깨뜨린다면 이탈리아 전선의 승리는 연합군이 차지하는 것이었어.

 나는 우리 군이 강을 건너 피사를 훼손하지 않고 함락할 방법을 고심했어. 피사는 너희도 알다시피 '피사의 사탑'을 비롯하여 인류가 빚어낸 뛰어난 문화유산이 가득한 곳이잖니. 앞서 중세 유럽 예술의 보물 창고였던 몬테 카시노 수도원이 치열한 공방 끝에 폐허로 변했던 가슴 아픈 일을 다시는 되풀이하고 싶지 않았던 거야.

 지도를 놓고 고민하던 나는 기막힌 작전을 생각해 냈어. 이미 전선의 주도권을 빼앗긴 독일군은 탄약 보급이 어려워 대포 공격을 크게 줄이고 있었어. 만약 아르노강을 건너는 척하며 독일군의 포격을 유도한다면 어떨까. 그러면 진짜 도강 작전 때는 화력이 약해진 독일군이 크게 저항하지 못할 테니 아군 피해가 적어지겠지. 피사 점령도 쉬울 테고 말이야. 나는 강폭도 넓고 수심도 얕아 탱크가 지나갈 수 있고, 보병들이 무기를 적시지 않은 채 강을 건널 수 있는 타치니 마을을 골랐어.

첫 번째 가짜 도강 작전을 실시하는 날이 왔어. 우리 군은 강 너머로 엄청난 포격을 가하기 시작했어. 점차 방향을 바꿔 높은 산봉우리에 들어앉은 독일군 관측소로 포격을 집중시켰지. 독일군의 시야를 방해하기 위해 연막탄도 터뜨렸어.

또 건조한 날씨를 이용해 탱크와 트럭으로 먼지를 일으켰어. 우리 쪽이 잘 안 보이게 하면서 탱크와 트럭, 최소한의 보병만 움직여 마치 부대가 이동하는 척한 거야. 아니나 다를까 독일군은 엄청난 포격을 가해 왔지.

이틀 후 2차 작전 때는 포격이 줄더니 9월 1일 진짜 도강 작전에는 단 한 발도 포격이나 총격이 없었단다. 이미 독일군이 수비를 포기하고 철수한 덕분이었지. 우리 100대대는 30분 만에, 사상자 한 명도 없이 아르노강을 건넜단다. 우리 군이 피사 북쪽까지 진군하자 다행히 독일군은 조용히 물러났어. 그들도 문화 유적의 도시가 파괴되는 걸 원하지 않았던 것 같구나. 해방을 맞은 피사는 울긋불긋 탐스런 과일나무와 맑은 가을 하늘을 자랑하는 고요하고 아름다운 도시였단다.

이번에는 프랑스 전선이 나를 기다리고 있었어. 이곳에서 생과 사를 넘나드는 부상을 입고 말았지. 프랑스 동북부 산악 지대 비퐁텐에서 벌어진 전투였어. 나는 오른손에 기관총탄 세 발을 맞은 채 적의 포위망을 빠져나오긴 했어. 그러나 염증이 심해 썩어 들어가던 총상 탓에 목숨을 잃을 뻔했으나 페니실린 덕분에 살아났단다. 부대로 돌아온 나는 프렌치 리비에라에서 점령군 사령관 역할을 대행하며 해이해진 군대 기강을 다잡았단다.

독일군의 항복 소식은 1945년 5월 8일, 뉴욕으로 가는 기차를 기다리다가 들었어. 어머니가 계신 로스앤젤레스에서 휴가를 마치고 프랑스로 되돌아가려는 길이었지. 환호성을 지르는 사람들 사이에서 나는 희생된 전우들을 위해 짧은 묵념을 올렸단다.

외면할 수 없는 고국

2차 대전 참전으로 '전쟁 영웅'이란 이름을 얻었지만, 나는 고민 끝에 1946년에 군복을 벗었단다. 모두가 뭉쳐야 살 수 있던 전시와 달리, 평화 시기의 군대는 여전한 인종 차별과 편견이 남아 있었기 때문이야.

제대하고 나서 나는 빨래방 사업을 벌여 성공을 했지. 하지만 너희도 잘 알고 있는 한국 전쟁이 터졌고, 나는 다시 군에 복귀하기로 결정했어. 언제나 조국을 생각했던, 돌아가신 아버지를 위한 길이니까. 그리고 이 전쟁이 공산주의와 대립해 온 미국에도 책임이 있다고 생각했기 때문에 나라도 나서서 최전선에서 싸우고 싶었단다.

재입대한 나를 상관과 동료들이 크게 반겨 주었어. 그러나 반가움도 잠시, 한반도 전선의 상황은 위태로웠단다. 갑자기 터진 전쟁에 한국군과 미군은 제대로 대응을 하지 못했어. 지휘 체계도 제대로 갖춰지지 않았고, 최전방 중대장이 전투에 꼭 필요한 지도 한 장 없이 싸우고 있었지. 나는 한숨이 나왔지만 이럴 때일수록 냉정해야 한다고 생각했어.

전열을 가다듬은 유엔군은 인천상륙작전을 감행해 서울을 되찾았어. 그 기세를 몰아 38선을 넘어 북진하다가 한국 전쟁에 개입한 중공군에게 밀려서 다시 수도 서울을 빼앗겼지. 그러나 전투에서 진 것보다 더 큰 문제는 땅으로 떨어진 병사들의 사기였어.

인해 전술로 밀고 내려오는 중공군을 굉장히 두려워하고 있었거든. 총을 쏘고 쏘아도 끝없이 내려오는 중공군은 아군에게는 공포 그 자체였어.

정보 참모로 31연대 1대대에 합류한 1951년 4월 이후, 나는 연대장의 지시로 작전 참모까지 겸하게 되었어. 능력을 우선하는 연대장의 절대적인 신임을 받은 덕이지. 미군을 통틀어 소수계가 이런 역할을 맡은 적이 없었단다. 다양한 인종이 모여 나라를 이루고 있지만 백인이 중심인 사회에서 유색인들은 소외당해 왔거든. 그리고 한 가지 더, 나는 실전 경험을 인정받아 대대 지휘까지 맡게 되었어. 지휘관인 내가 대원들에게 주고 싶은 건 물론 승리였지. 두려움과 패배감을 떨치고 사기를 끌어올려 이 잔혹한 전쟁에서 최소로 희생을 줄이는 일이야말로 진정한 승리가 아닐까.

내 작전 지휘로 치른 구만산 전투에 이어 탑골 전투에서 얻은 승리는 그래서 더욱 값진 의미가 있었어. 홍천강 북쪽의 원수골에 자리한 구만산에 먼저 무수한 포격을 가해 기선을 제압한 후 C중대를 보내 공격하게 했지. 내 예상대로 우리 중대는 두어 시간 만에 구만산을 점령하더구나. 전사자 없이 말이야. 첫 승리에 병사들은 자신감을 되찾기 시작했어.

다음 공격 목표는 구만산에서 서북쪽으로 4킬로미터 떨어진 탑골을 둘러싼 산이었어. 병사들이 산으로 올라가는데 갑자기 포탄이 떨어졌어. 중공군의 공격이 시작되었는데 아군마저 잘못 공격을 해 온 거야. 공포에 질린 병사들이 공격 대형을 무너뜨리더니 후퇴 명령이 없는데도 뒤돌아 도망쳤어. 하지만 나는 오히려 포탄이 거센 곳으로 뛰어가 도망가는 병사에게 권총을 겨누었지.

"멈춰라! 후퇴하는 자는 즉결 처분이다!"

간신히 정신을 차린 병사들은 멈춰 섰어.

"당황하지 마! 산 위에 있는 중공군과는 거리가 멀어. 포격도 정확하지 않다. 우리 포병대에도 중지 명령을 내렸다. 내가 너희와 함께 있겠다. 침착해!"

"알겠습니다, 대위님!"

대열을 정비한 우리는 아군의 포격 지원을 받으며 공격에 나섰고 40분 후 고지를 점령했어.

나는 부대의 사기를 높이기 위해서 중공군이 총탄을 쏘아 대는 산등성이를 태연히 오가기도 했어. 청병산 봉우리에서 중공군이 총격을 하자 병사들이 머리를 처박고 적군은 보지도 않은 채 총을 쏘아 대니 어쩌겠니. 함께 전투에 나섰던 론스포드 중위와 나는 용기를 주기 위해 팔짱을 끼고서 걸어 다녔는데 다행히 무사했어.

"너희들, 적을 보고 총을 쏴야지. 머리를 처박고 제대로 총을 쏘겠어?"

"머리를 들었다가는 총알이 박힐 것 같습니다. 너무 위험합니다."

"위험하다니. 그럼 걸어 다니는 나는, 론스포드 중위는 어떻게 아직도 살아 있나?"

차츰차츰 병사 한두 명이 머리를 내밀었고 곧 제대로 총을 쏘자 중공군이 도망을 가더구나. 이렇게 이어진 승리는 내가 부상을 당해 후방으로 가기 전까지 계속되었으니 우리 1대대를 '무적의 부대'라 부를 만하겠지.

우리는 다시 한 번 반격을 준비하고 있었어. 유엔군이 1951년 5월 27일에 전 전선에서 일제히 38선을 다시 넘었는데 우리 1대대 보병 부대가 선두였단다. 그 기세를 몰아 우리 부대는 중부 전선을 60킬로미터 북상시켜 휴전선이 중부 전선에서는 쑥 치솟게 만들었어.

나는 한국 전쟁에 참전하여 소령으로 진급하고 최초로 유색인 대대장이 되는 영광을 얻었단다. 그러나 마냥 기뻐할 수는 없었어. 지지부진한 휴전 협상으로 소모적 전투가 계속되는 상황은 참 안타까웠거든. 게다가 새로 온 연대장이 지시하는 의미 없는 전투에 더 이상 병사들을 희생시키고 싶지 않았어. 나는 가슴이 아팠지만, 18개월 동안 지켜 온 한국을 떠나기로 결심했단다.

그 뒤 십 년 만에 한국을 다시 찾은 나는 1963년부터 1965년까지 한국군 군사 고문을 지내며 한국 방어 계획을 재편성하는 데 힘을 쏟았어. 청와대 경호부대와 수도방어사령부도 정비했단다. 나는 유엔군 사령관을 설득해 국군 최초의 미사일 부대인 제111 방공포병대대와 제222 방공포병대대도 출범시켰지.

더 나은 미래를 위한 노력

미국인은 군대를 매우 소중하게 여긴단다. 군인들의 희생이 있었기에 자신들이 자유, 인권을 누리며 살아간다는 걸 잘 알고 있기 때문일 거야.

나는 미국 군인으로 참전해 제2차 세계 대전에서 세운 공으로 특별무공훈장 1개, 은성무공훈장 2개, 공로무공훈장 2개, 동성무공훈장 2개, 퍼플하트 3개를 받았어.

이탈리아는 2차 대전이 끝나자 최고무공훈장을 주었는데, 프랑스에서도 내 공을 다시 조사해 2005년에 최고무공훈장을 주었고, 한국 정부에서도 한국 전쟁 때 세운 공으로 최고 훈장인 태극무공훈장을 주었단다. 그러나 이 모든 명예를 버리고 할아버지는 1972년 대령으로 예편했어.

나 같은 유색 인종이 미국 군대에서 장군으로 진급하기는 어려운 일이기도 했고, 무엇보다 전쟁에서 입은 부상의 후유증이 오래도록 나를 괴롭혔기 때문이야.

사람들은 나를 '전쟁 영웅'이라고 부르지만, 나 혼자 이룬 일이 아니지. 함께 싸운 전우들의 희생이 있어 가능했고, 나는 운 좋게 살아남은 사람이라고 생각해.

나는 수많은 전쟁터에서 전우들이 하나둘 쓰러져 나가는 것을 지켜봐야 했어. 무척 아끼던 병사들이

퍼플하트
전상 훈장. 전투 중 부상당한 군인에게 줌.

예편
군인이 현역에서 예비역으로 편입함.

바로 옆에서 죽어 가니 나 때문인 것 같아 얼마나 괴롭고 슬펐는지 모른단다. 더 나은 세상을 만드는 일에 남은 평생을 바치겠다는 결심이 없었다면, 나 혼자 살아남았다는 자책감에서 빠져나오기 힘들었을 것 같구나.

군복을 벗은 후 나는 30년 넘게 미국 사회에서 소외된 사람들의 권익을 높이기 위해 일해 왔단다. 나 자신과의 약속을 지키기 위해서 말이야. 그래서 미국에 이민 온 소수 민족 청년들과 가정 폭력에 시달리는 여성과 아이들을 위한 단체를 만들었지.

또, 한인들이 활발한 정치 참여를 할 수 있게 전국 조직을 갖춘 '한미연합회' 같은 단체가 잘 꾸려지고 발전할 수 있도록 기초를 닦는 일에도 힘을 쏟았단다.

우리나라와 일본 사이에는 아직 해결되지 않는 역사 문제가 남아 있어 너희가 이해하기 어려울 수도 있지만, 나는 '일본계미군장병2차대전참전용사회' 회장을 맡기도 했어. 일본계 미국인들은 일본과 미국이 싸우던 2차 대전 때 어느 편도 들 수 없는 곤란한 처지였어.

그들은 일본 편이 아니라는 것을 증명하기 위해 미군으로 전쟁에 나가야 했단다. 내가 그 일본인 부대를 맡아 수많은 전투를 치렀으니 그들이 보여 준 희생이 제대로 알려져야 한다고 생각했어. 미국 역사책, 학교 교과서에는 미국을 발전시키는 데 아시아계가 끼친 공헌이 제대로 쓰여 있지 않았거든.

 미국에 사는 소수 민족의 권익을 위해서도 중요한 일이라 생각

해 로스엔젤레스 시내에 일본계 미군 장병 2차 대전 참전 기념비를 세우는 데 앞장섰어.

이런 교류와 신뢰가 있어서 참 다행인 일이 있었지. 1999년 캘리포니아 주 의회가 일본군 위안부(유엔인권위원회는 일본군 성노예라 씀) 사과와 배상을 촉구하는 '혼다 결의안'을 통과시킬 때였어. 나는 혼다 의원을 도와 2차 대전에서 함께 싸웠던 일본계 미군 장병 지도자들에게 전화를 걸었단다. 결의안을 지지해 달라고 호소했지. 재미 일본 사회에서 존경을 받던 참전 용사들은 뜻을 모아 주었고, '혼다 결의안' 철회를 주장하던 재미 일본 사회를 잠재울 수 있는 영향력을 만들어 주었단다.

여러 사회 활동을 해 오는 동안 내가 지켜 온 원칙이 있어. 첫째, 나를 드러내지 않고 조용히 일하기. 둘째, 때가 되면 뒤로 물러나 다른 사람들이 일해 나가는 모습을 지켜보기. 그러다 보면 구성원들 스스로 자부심과 긍지를 갖추게 되더구나.

내가 해낸 일들 모두 나 혼자였다면 이룰 수 없었을 거야. 함께 일하는 동료들이 힘을 보탰기 때문에 이룰 수 있었다고 생각한단다.

할아버지는 누구든, 어느 민족이든 잘잘못은 정확히 따져야 하지만 소수자에게 향하는 천대와 증오 대신 그들을 품어 함께 나아가야 한다고 생각하고 있어. 서로를 받아들이고 존중해야 차별과 편견이 없는 세상이 되겠지. 그래야 다툼도 없을 테고 말이야.

나는 수많은 전투를 치렀기에 절대 전쟁을 인정할 수 없단다. 아직도 내 옆에서 피 흘리며 죽어 간 독일군, 동료들 기억에 가슴이 미어지는걸. 소중하지 않은 목숨이 어디 있겠니?

덤으로 얻은 시간 동안 행복한 세상을 만들기 위해 살아온 내 노년을 하늘에서 전우들은 웃으며 바라보았을까.

김영옥 할아버지는 2005년 12월 29일 3차 암 수술을 받으신 후 끝내 회복하지 못하고 로스엔젤레스에서 돌아가셨습니다. 태극무공훈장을 서훈해 준 한국 정부와 국민에게 감사를 전하는 편지를 남기시고요. 2009년 9월에는 로스앤젤레스 코리아타운에 '김영옥중학교'가 생겼습니다. 미국에서 한국인의 이름을 딴 최초의 중학교랍니다.

서훈
나라를 위해 세운 공로에 대하여 등급에 따라 훈장을 내림.

아름다운 인연, 경천애인사의 전쟁고아들

　한국 전쟁을 치르는 동안 유엔군 전투 부대인 미 육군 7사단 31연대 1대대는 고아원 한 곳을 정해서 재정 지원을 꾸준히 해 나갔다. 바로 김영옥 대대장이 지휘하는 부대였다.

　그 시작은 크리스마스에 지프를 타고 가던 부대원들이 눈길에서 전쟁고아 소년을 발견하던 일로 거슬러 간다. 장병들은 자발적으로 아이가 지낼 만한 고아원을 찾아 주고 재정 지원을 해 주자는 데 의견을 모았다. 자신은 어떤 개입도 하지 않고 부대원 전체의 의견을 모으고자 했던 대대장 김영옥은 기꺼이 허락했다.

　이들이 여러 곳을 알아보고 현장 답사까지 해서 찾아낸 곳이 바로 경천애인사였다. 일제 강점기에 서울 용산 삼각지 근처에 세워졌던 일본 신사에 있는 경천애인사. 이미 이곳에도 192명이나 되는 고아들이 있어 먹을 것도, 추위를 이길 옷가지도 모자란 상황이었다.

　소년을 맡기고 성금으로 모은 지원금 145달러를 주고 온 상관은 열악한 환경을 장병들에게 전해 주었다. 병사들은 미국에 있는 가족들에게 편지를 썼다. 그러자 가족들이 옷이나 장난감 같은 구호품들을 보내오기 시작했다.

김영옥은 경천애인사를 지속적으로 돕고 싶었고, 방법은 있었다. 부대로 보내는 군수품 중에는 양이 너무 많아 남아도는 물품들이 있었다. 이 물품들을 암시장에 팔아 재정 지원을 하는 것이었다. 덕분에 경천애인사는 탄탄한 재정 지원으로 안정적인 운영을 할 수 있었다.

장병들은 전선에서 나와 잠시나마 아이들과 함께 어울리는 '서울 나들이 방문'을 무척 기다렸다. 김영옥도 고아원을 방문했을 때 말끔한 아이들이 자신을 맞아 주던 모습을 오랫동안 잊지 못했다.

미군과 같이 하모니카를 불거나, 야구를 하고, 영어 노래를 배우며 자랐던 아이들. 이들은 전쟁고아라는 설움을 딛고 화가, 음악가, 목사, 교수, 사업가 같은 다양한 방면에서 우리 사회를 받치는 든든한 구성원으로 성장했다. 2003년 한국을 방문한 김영옥과 어른이 된 아이들은 기쁜 재회를 하였다.

인도네시아의 독립 영웅
양칠성

희망을 빼앗긴 조선의 청년들

 1942년 한낮의 전주는 고요했다. 일본인 상점에서 평소처럼 새로 들여온 물건을 부지런히 나르던 스물일곱 살의 양칠성은 싸한 느낌에 하던 일을 멈췄다. 타닥타닥 소란스러운 발걸음 소리가 거리를 메우더니 일본 경찰들이 도망치던 사람들을 포승줄에 묶어 개처럼 끌고 가는 것이었다.
 "배은망덕한 조센징 놈들! 감히 대일본 제국의 천황 폐하를 모독해? 신사 참배가 우상 숭배라니, 빌어먹을! 이런 놈들은 본때를 보여 줘야 해."
 경찰들이 거친 말을 내뱉으며 곤봉을 휘두르자 거리의 사람들은 한길 옆으로 쫙 갈라졌다. 울분을 느끼는 조선 사람들은 고개를 숙여 표정을 감췄다. 자칫하다 경찰과 눈이라도 마주쳐 불온한 낯빛이라고 찍히는 날에는 함께 곤욕을 치러야 했기 때문이다.

'대한 독립 만세! 일본은 물러가라!'

길가에 서 있던 사람들은 속으로 모두 이렇게 외치고 있었다. 하지만 자신도 잡혀갈까 봐 목구멍까지 차오르는 말들을 삼키느라 입술을 짓씹어야 했다.

"또 잡혀가는 건가? 대체 너희 조센징은 대일본 제국 덕분에 나날이 발전해 가고 있으면서 그 은공도 모르는 게야? 아니 지금이 어떤 시국인데 자꾸 분란이야. 동아시아 해방을 위해 남방에서 장렬히 싸우고 있는 병사들을 생각해야지. 쯧쯧, 너희 조센징은 그래서 안 돼, 에잇."

주인은 밖을 구경하며 조선인을 무시하는 말들을 쏟아 냈다. 귀에 딱지가 앉을 만큼 자주 들었지만, 차별과 업신여김을 담은 말들은 늘 속을 후벼 파는 듯했다.

"그만하십시오. 그래서 저 같은 청년들이 군무원 모집에 지원하지 않았습니까. 대일본 제국에 충정

남방
동남아시아와 남태평양을 말함.

인도네시아의 독립 영웅 양칠성 65

으로 보답하려고요."

평소에 고분고분, 조용히 듣기만 하던 양칠성의 대꾸에 주인은 눈만 둥그렇게 뜰 뿐이었다.

동아시아 지역을 백인들 지배에서 해방시킨다는 명분 아래 1941년 12월 8일 태평양 전쟁을 일으킨 일본은 조선의 젊은이들을 동원시

키려 혈안이 되어 있었다. 일본은 필리핀 북부, 홍콩, 싱가포르에 이어 인도네시아의 술라웨시섬과 수마트라 남부 팔렘방 유전까지 거침없는 기세로 동남아시아를 점령해 나갔다.

이러다 보니 홍콩, 싱가포르에서 항복한 영국군, 인도네시아를 지배하던 네덜란드 군까지 백인 포로의 숫자가 무려 26만 천여 명이나 되었고 엄청난 숫자의 포로를 감시할 인력이 새로이 필요하게 되었다. 1942년 일본은 조선과 대만에서 발 빠르게 군무원 모집을 시작했다.

군무원은 군인은 아니지만 가장 말단에서 군의 임무를 보조하는 군에 속해 있는 공무원이었다. 당시 군무원의 월급은 전쟁 지역 근무자인 경우 30엔에서 추가 수당을 붙여 50엔 정도였다. 당시 불평등한 노동 구조에 신음하고 있던 조선은 일본인 노동자가 하루에 1엔 88전을 받는 데 견주어 조선인 노동자의 하루 품삯은 95전밖에 되지 않았다. 군무원 급여 50엔은 일본인 노동자가 받는 한 달 월급과 같았으니 가난한 조선 청년들은 가족을 위해서 지원하였던 것이다. 그리고 식량과 제복도 주고 주거 시설도 제공하는 조건에 '2년 계약 근무를 마치고 나면 순사 수준의 공무원으로 뽑아 준다.'는 약속까지 내세웠다.

'아무리 일해도 등골까지 빨리는 이곳에서는 희망이 없어. 남방으로 떠나자. 그곳은 좀 자유롭지 않을까. 2년 근무하고 돌아오면 공무원으로 뽑아 준다잖아. 월급도 지금 받는 두 배고 말이야. 전쟁터에서 총질하는 것도 아니고 공무원으로 가는 거니 괜찮아. 결국 나중에 전쟁터에 끌려가느니 식구들을 위해서라도 지금 지원해서 가는 게 나은 길이야.'

어느덧 6월이었다. 군무원 지원자들은 부산 서면에 있는 노구치 부대로 전원 입영하라는 통지가 전해졌다. 남방으로 가기 전 군무원 교육을 시키기 위해서였다. 아무리 월급이 많아도 머나먼 전쟁 지역으로 떠나길 다들 꺼리는 분위기였다. 마을 경찰관의 압력을 받아 할 수 없이 가야 하는 청년들이나, 스스로 지원한 양칠성 같은 청년들이나 마음이 무거워지는 것은 매한가지였다.

'어머니……'

어린 나이에 부모를 여읜 양칠성 형제를 거두어 이제껏 아들처럼 키워 주신 작은어머니를 양칠성은 어머니라고 불렀다. 작은어머니도 작은아버지가 돌아가신 이후에는 양철성을 의지 삼아 살았다. 게다가 집안의 생계 또한 양칠성 어깨에 달려 있었다.

'곧 떠나야 한다는 걸 말씀드려야 할 텐데 어떡하나. 지금도 하루에 몇 번씩 눈물 바람이신데 말이야. 정말 어머니 마음에 못을 박으면서 가는 게 옳은 걸까. 아냐, 아냐! 여기선 더 이상 희망이 없어. 가난에 허덕이며 저들이 강요하는 대로 살다가 끝날 뿐이야.'

복잡한 마음을 안고 터덜터덜 걷는 길은 왠지 끝나지 않을 것 같았다.

분홍 접시꽃이 흐드러지게 핀 동네 어귀에는 아이들이 옹기종기 모여 놀고 있었다. 학용품 꾸러미를 손에 든 양칠성은 아이들 무리 속에서 씩씩하게 노는 사촌 여동생을 잠시 바라보았다.

"어! 오라버니, 다녀오셨어요? 그런데 손에 든 건 뭐예요?"

양칠성은 고개를 끄덕이며 아이들에게 다가갔다.

"응 이거?"

양칠성이 곁에 앉아 꾸러미를 펼치자 크레파스가 나왔다. 또랑또랑한 눈빛으로 자신을 쳐다보는 아이들 머리를 쓰다듬으며 크레파스를 하나씩 나눠 주었다. 날이 풀린 봄철이라지만 동네는 기근을 겪느라 아이들 낯이 때꾼하기만 하였다. 일본 제국이 자신들의 부족한 식량을 채우려 싼값에 가져가는 쌀을 정작 농사짓는 조선 농민들은 제대로 먹을 수 없었기 때문이다.

"우리 남수랑 싸우지 말고 친하게 지내야 한다."

친구들에게 크레파스를 나눠 주는 오빠 덕분에 어깨가 한껏 올라간 남수에게도 당부를 잊지 않았다.

"남수야, 공부 열심히 하고 친구랑 싸우지 말고, 어머니 말씀도 잘 들어야 한다."

흐릿하게 웃는 오라버니가 어쩐지 서글퍼 보여 남수는 양칠성의 손을 꼭 쥐고 집으로 향했다.

꽁보리밥에 된장국으로 소박한 저녁을 마친 때였다. 바느질거리를 손에 쥔 어머니는 긴 한숨을 쉬었다.

"아휴, 바깥양반을 먼저 떠나보내고 내가 저를 의지하고 살아왔는데 멀고 먼 전쟁터로 가겠다니. 이놈의 몹쓸 세상! 그 아이가 벌어 오는 거 바라보는 식구들 입만 아니라면 말리고 또 말릴 텐데."

기어이 훌쩍이는 어머니의 목소리가 얇은 창호지문 밖으로 새어 나왔다. 안방으로 건너가려던 양칠성은 멈칫, 들어가려던 발을 멈출 수밖에 없었다. 6월 보름에는 전주역에서 기차를 타고 부산으로 떠난다는 소식을 전하려 마음을 다잡고 집에 왔건만……. 양칠성은 검은 하늘을 올려다보았다. 검은 하늘에 별들이 반짝이며 하나둘 모습을 드러내고 어디선가 부엉이 울음소리가 아득하게 울려 퍼졌다.

억울한 중간자, 포로 감시원

전주역에서 배웅하던 가족과 수많은 인파는 더 이상 없었다. 부산항 3번 부두에서 십여 척의 배에 나눠 타 먼 적도의 섬으로 향하는 양칠성과 3천여 명의 군무원들은 머리카락과 손톱을 잘라 가족에게 남겼을 뿐이었다. 1942년 8월 19일 밤, 조용하고 서글픈 출항이었다.

남방으로 가는 한 달은 제대로 씻지도 못하고 갑판에도 나갈 수 없는 지루한 시간이었다. 양칠성과 조선 청년들은 미군 잠수함이 나타났을 때는 구명조끼를 입은 채 공격에 대비해야 했고, 남중국해에 들어섰을 때는 태풍에 흔들리는 배 안에서 공포에 질리기도 했었다.

1942년 9월 14일, 우여곡절 끝에 다다른 인도네시아 자바섬에는 땅거미가 드리우고 있었다. 350년 동안 네덜란드의 식민지로 시달리다가, 다시 일본이 점령하게 된 큰 섬나라. 양칠성은 황혼 무렵 화려한 색채로 물든 하늘을 바라보다 시원하게 다가드는 밤바람을 느꼈다.

'여기가 남방이구나. 정말 조선과는 공기부터 다른 것 같아. 조선 사람과 생긴 건 달라도 손 흔들어 주는 주민들은 다정해 보여.'

트럭을 타고 시가지를 행진하며 양칠성은 새빨간 나비 모양의 화려한 꽃이며, 새하얀 캄보자 꽃을 신기하게 바라보았다. 모든 게 낯선 타국에서 맞이한 첫날 밤. 모처럼 땅에 발을 디뎌서일까, 노을에 물든 조선 청년들 얼굴이 평온했다.

"야나가와! 똑바로 못해? 목표량 미달이잖아. 땅을 더 팠어야지. 활주로 완공에 차질이라도 생기면 자네가 책임질 건가? 한심한 조센징 놈. 아까는 포로 대신 구덩이를 파고 있던데 넌 포로를 감시하러 온 거야, 뒤치다꺼리하려고 온 게 아니고! 포로들 시체 묻을 자리를 네가 왜 파!"

조선인이지만 이름마저 창씨개명에 의해 '야나가

창씨개명
일본식 성과 이름을 갖도록 강요하는 것.

와 시치세이'가 된 양칠성. 일본군 조선인 군무원으로서의 생활이 시작되었다.

일본인 상사의 질책은 매서웠고 무자비했다. 양칠성은 포로들이 너무 지쳐 삽질을 멈추기 일쑤라 보다 못해 도왔다는 변명을 차마 꺼낼 수 없었다.

첫날 자바섬에서 느꼈던 낭만은 하룻밤 꿈이었다.

양칠성은 플로레스섬으로 파견을 명령받으며 이 정도로 힘든 상황이 닥칠 줄은 상상하지 못했다. 플로레스섬은 자바섬을 기준으로 길게 늘어서 있는 여러 섬 중에 하나로, 4월부터 10월까지 건기에는 비도 거의 내리지 않았다.

이 시기에 뜨거운 적도의 태양은 마른 땅을 적갈색으로 바꾸어 버렸다. 그곳에 정찰기용 활주로 두 개와 폭격기용 활주로 한 개를 변변한 기계도 없이 건설하라니. 오로지 포로들이 가진 노동력에 기대는 힘든 작업이 시작되었다. 플로레스섬 비행장 건설에 파견된 조선인 군무원들과 양칠성은 포로 3천 명과 함께 힘든 하루하루를 버텨야 했다.

포로들의 처우는 그들이 하는 엄청난 노동에 견주어 너무나 열악하였다. 야자나무 잎으로 이은 지붕은 비가 새고 대나무 침상에, 입고 있는 의복이 전부인 상황. 그러나 그것보다 더 참을 수 없는 건 굶주림이었다.

거칠 것 없던 승세가 꺾이면서 일본군은 전세가 불리해졌고, 연합군은 인도네시아 동부 여러 섬 주변에 자주 폭격기를 띄워 공습을 하였다. 당연히 각 건설장에 식량 공급을 제대로 할 수 없었다. 세계는 이미 전쟁에 희생당하는 사람들을 보호하기 위한 국제 조약을 스위스 제네바에서 체결하였다. 일본 또한 1942년 1월 29일에 포로의 대우에 관한 제네바 조약을 따르기로 연합군과 약속하였다. 그렇지만 일본군은 포로들에게 힘든 노역을 서슴지 않고 시키며 수많은 포로가 죽어 나가도 눈 하나 깜짝하지 않았다.

산골에서 열대 식물인 적갈색 카사바 밭을 곡괭이만으로 고르는 힘겨운 작업을 마치고 찾아온 저녁 시간이었다. 더위와 목마름에 지친 포로들은 저녁 식사를 받기 위해 줄을 섰다.

"야나가와, 시로야마 어서 배급을 시작해라. 아카키는 줄을 맞추고."

창씨개명을 한 시로야마, 이종렬도 조선인 군무원으로 양칠성과

가깝게 지내는 사이였다.

　일본인 하사관은 명령을 내리고 나서 다른 조를 살피러 자리를 떴다. 양칠성은 동료 군무원들과 함께 커다란 드럼통에 끓인 카사바 잎을 넣은 국과 멀건 죽, 찐 옥수수를 나누어 주기 시작했다.

　고기가 주식이던 백인들은 쌀조차 제대로 먹을 수 없게 되고 중노동에 시달리자 하루가 다르게 쇠약해졌다. 팔다리는 쇠꼬챙이처럼 가늘어졌고 몸에는 뼈대가 확연히 드러났다. 몸이 약해진 포로들은 이질 같은 전염병에 쉽게 걸렸고, 죽어 가는 포로들을 지켜봐야 하는 양칠성의 마음은 괴로웠다. 그렇지만 포로들은 일을 해야 음식을 얻을 수 있기 때문에 아파도 쉴 수가 없었다.

　포로들은 적은 배급량에 한숨을 쉬며 양칠성을 노려보았다. 늘 그날 다 마칠 수 없는 힘든 작업량을 주면서 배급은 적게 주는 군무원들은 미움의 대상이었다. 그러나 양칠성 같은 군무원 또한 먹을 것이 넉넉하지 않았다.

　일본인 하사관이 다가왔다. 여기저기에 흩어져 배급 음식을 먹는 포로들을 벌레 보듯 쳐다보다가 음식을 담은 포로들의 낡은 그릇을 들여다보더니 얼굴을 찌푸렸다.

"야나가와, 시로야마, 뭘 그렇게 넉넉하게 담아 주는 거야? 포로는 많다. 굶어죽든 병들어 죽든 그건 저들 운에 달린 거야. 저 많은 포로들 처지를 다 살펴 주다간 끝이 없어. 정신 똑바로 차려!"

한바탕 잔소리를 쏟아붓고 돌아서는 하사관 등을 향해 이종렬이 작게 혀를 찼다.

"또 뭐가 마음에 안 들어 저러는 거야. 아, 오늘 아침에 작업 인원 뽑을 때 포로 대장이 환자가 많아 인원을 채울 수 없다고 했잖아. 그때 우리가 한 번쯤은 포로들 사정도 봐주자고 한 말이 거슬렸나 보네. 정말 지독해. 포로들 발가락이 썩어 들어가도 눈도 깜짝 안 하는 위인들, 에잇!"

"글쎄 말이야. 일어나지도 못하고 앓고 있는데 어떻게 닦달해서 끌고 나가라는 거야. 일본군은 포로들이 너무 많아 귀찮은 거야. 어떻게든 시킨 일이나 하다가 알아서 죽어 주길 바라니 사람의 탈을 쓰고 그래선 안 되지."

이종렬의 말에 양칠성도 한숨을 내쉬었다.

"그러면서도 자기들은 뒤에서 점잖게 있지. 온갖 명령은 우리에게 내려서 포로들에게 우리만 몹쓸 사람이 되고 말이야. 하루치 작업량 채우게 닦달하는 것도 괴로워 죽겠는데, 포로들까지 한 번씩 대들면 나도 확 치밀어 손이 나가려고 해. 일본인도 아니면서 일본 군무원이 되어 원망만 대신 듣고, 위에선 명령을 완수하라고 난리고. 휴…… 이럴 줄 알았으면 난 자원하지 않았을 거네."

주위를 힐끔힐끔 둘러보더니 이종렬이 말을 이었다.

"이 전쟁은 일본이 질 게 뻔해. 연합군이 가까운 오스트리아에 기지를 두고 빠르게 공격해 오고 있지 않나. 일본이 이곳 남방을 점령해서 석유를 얻었다지만 미국이 가진 힘에 비교가 되겠어. 식량이나 물자 수송이 지연되는 건 연합군 공격 때문이라고 말하지만 핑계지. 아마 일본은 오래 버티지는 못할 거야. 그럼 우리는 어떻게 되지. 설마…… 아니겠지. 우리는 일본군이 시킨 대로 일한 것뿐이니 별일 없겠지."

양칠성의 가슴속에서는 전쟁이 빚어내는 비참함과 식민지인으로서의 서글픔이 더욱 커지고 있었다. 끝날 것 같지 않던 지옥 같은 날들은 1944년 9월, 비행장 건설이 마무리되고 나서야 멈추었다. 양칠성을 비롯한 조선인 군무원과 힘들게 살아남은 포로들은 그제야 다시 자바섬으로 돌아올 수 있었다.

전쟁은 끝났지만

양칠성은 자바섬 반둥 서쪽에 자리한 작은 촌락 치마히에 있는 포로수용소로 재배치되었다. 플로레스섬에서 함께 고생한 이종렬과 우종수도 같이 근무하게 되어 한결 든든하였다.

반둥은 일본이 점령하기 전, 네덜란드 사령부가 있던 곳이었다. 그러다 보니 네덜란드 포로들이 많았으며, 네덜란드 군인이었던 인도네시아 인들도 상당했다.

조선에서 태어나 일본군 군무원이 되어야 했던 양칠성에게 인도네시아 인 포로들은 동병상련을 느끼게 하는 존재들이었다. 포로들의 뒷바라지를 위해 치마히 수용소에 찾아오는 가족들 모습에서 고향에 있는 어머니가 떠올라 자신이 해 줄 수 있는 선에서는 친절을 베풀고 싶었다. 그러다 양칠성은 자연스럽게 친근해진 마나도 출신의 여인을 사랑하게 되었다. 조촐하게 결혼식을 올리고 아이가 생기는 기쁨 속에서 잠시나마 평범한 나날을 맛볼 수 있었다.

그러나 한편으로 양칠성의 마음은 들끓고 있었다. 아니, 조선인 군무원이라면 누구나 가슴에 울분을 쌓아 가고 있었다. 2년 동안 일본군의 가장 밑바닥에서 온갖 욕먹을 일을 맡아 하면서도 늘 모욕과 차별을 받아야 했던 양칠성은 일제가 내세운 '일본과 조선은 하나'라는 말은 속임수라는 것을 깨달을 수밖에 없었다.

포로들을 죽음의 노동으로 내모는 데 주저함이 없던 무자비한 억압도 치가 떨렸지만 미얀마와 필리핀에 이어 인도네시아의 독립은 인정한다는 일본이 정작 조선의 독립에는 침묵하자 조선인 군무원들은 더 이상 참기 힘들었다. 모두의 가슴에 민족의식이, 독립은 싸워 얻지 않으면 오지 않으리란 생각이 퍼지고 있었다.

포로들이 몰래 듣는 라디오를 통해 일본이 점령한 동남아시아와 태평양 지역에서 연이어 거두는 연합군의 승전 소식은 양칠성에게 이제 때가 왔다고, 일어서라고 재촉하는 듯했다.

1945년 8월 15일, 무조건 항복을 선언한 일본은 인도네시아 점령을 3년 반 만에 내려놓았다. 더불어 그토록 기다리던 조국이 해방되었다는 기쁨도 잠시, 연합군은 무사히 귀국할 날만 기다리던 양칠성 같은 조선인 군무원들을 형무소로 이끌었다. 바로 전쟁 범죄를 심문하기 위해서였다. 인도네시아의 식민지 지배권을 다시 찾으려는 네덜란드는 그토록 증오하던 일본군을 재판하며 조선인들도 일본인과 똑같이 다루었다. 지나치게 무거운 판결과 사형 선고가 연이어 내려졌다. 양칠성이 보기에 무책임한 일본이나 복수심에 사로잡힌 네덜란드 연합군은 모두 똑같은 침략자였다. 자신 또한 형무소에 끌려가기 전에 결단을 내려야 했다.

일본의 항복 선언 이틀 만에 서둘러 독립을 선언한 인도네시아는 일본이 남긴 무기와 훈련받은 전투 인력이 절실히 필요했다. 식민지 지배권을 다시 찾으려는 네덜란드 연합군에 대항하기 위해서였다.

메르데카! 이제야 용기를 내 외칠 수 있게 된 말이었다. 인도네시아 말로 '독립'이란 고귀한 뜻이며 인도네시아 민중이 이루어야 할 사명이었다. 인도네시아 사람들 사이에 들불처럼 번지는 독립의 염원은 이제 쉽게 꺼뜨릴 수 없는 불꽃이 되었다. 인도네시아 독립군들은 감시당하는 일본군이나 조선인 군무원을 찾아다니며 자신들을 도와달라고 열심히 설득하였다. 게다가 상관 아오키의 권유도 결심을 굳히는 데 큰 역할을 하였다.

"야나가와, 우린 어차피 연합군 재판에서 전범으로 유죄 판결을 받을 거네. 비행장을 건설하며 얼마나 많은 포로가 죽었나? 네덜란드가 앙갚음을 하려 단단히 벼르고 있을 거야. 너 연합군 방침 알잖아. 아무리 조선인이어도 전쟁 범죄만큼은 일본인과 같게 취급한다던데, 어차피 처벌당할 거 난 인도네시아 독립군에 들어가 실컷 싸워 보기나 하려네. 군은 어쩔 생각인가?"

양칠성은 투박하지만 제법 부하를 잘 다루던 일본인 상관 아오키와 동료 이종렬과 뜻을 모아 함께하기로 마음먹었다.

그리운 어머니께 안부 올립니다.
저는 무사히 잘 지내고 있으니 저 때문에 너무 노심초사하지 마세요.
지금 상황이 급박하여 간단히 몇 자 적습니다. 일본이 항복을 하였습니다. 그렇지만 전 당분간 이 나라에 더 머무르려고 합니다. 귀국해 봤자, 일본이 약속한 공무원 되기는 물 건너갔고 일본군에서 일하고 온 절 해방을 맞고 난 사람들이 곱게 보지 않을 테니까요. 좀 더 이 더운 나라에서 지내며 살길을 도모해 보겠습니다.
그럼 또 소식 보내겠습니다.

그동안 꼬박꼬박 월급을 부치고 소식을 보내던 고국의 어머니께 양칠성은 마지막이 될지도 모를 편지를 황급히 썼다. 자신을 '코마르딘'이라는 인도네시아 이름으로 불러 주는 아내가 옆에 있었기에 조선으로 돌아갈 수 없었던 것이다. 게다가 무사히 조선으로 갈

방법 또한 보이지 않았다.

코마르딘, '영원한 믿음의 빛'이란 귀한 뜻이 담겨 있는 이름이었다. 그리고 그에게는 할 일이 있었다.

몸을 숨기기에 맞춤한 어둠 속에서 짐 꾸러미를 어깨에 멘 일본인 상관 아오키, 하세가와, 그리고 이종렬과 양칠성은 발소리를 죽이며 자신들이 근무하던 포로수용소를 빠져 나왔다. 어차피 무조건 항복을 선언한 일본의 물품인 총이나 의약품을 되는 대로 가득 짊어진 그들은 인도네시아 독립 부대인 팡그란 파팍 부대에 들어간다.

인도네시아의 게릴라 전사 양칠성

반둥 시내를 가로지르는 철도를 경계로 남쪽에 자리 잡은 인도네시아 독립군은 북쪽을 차지한 네덜란드 영국 연합군과 끊임없는 전투를 치러야 했다.

양칠성과 아오키 들이 가져간 의약품과 총 같은 물품은 변변한 무기도 없이 싸우던 독립군에게 큰 힘이 되었음은 말할 것도 없었다. 게다가 군무원 교육을 받으며 일의 성격과 관계없이 일본군이 시켰던 총검술, 전투 훈련, 사격 등을 몸에 익힌 양칠성은 민간인 병사들과 어울리며 어느덧 그들을 이끄는 위치에 서게 되었다.

때를 만나자 가슴속에서 늘 들끓었던 정의감이, 독립의 열망이 터져 나왔다. 아내의 나라, 제2의 조국이라 부를 인도네시아를 위하여, 그리고 조선을 위하여 싸우지 못했던 한을 제대로 풀려는 듯 앞장서서 전투에 나서는 그는 추앙받는 독립군이었다.

그러나 상황은 여의치 않았다.

반둥 전체를 점령하려는 네덜란드 군과 영국군 합동 공격에 밀려 눈물을 머금고 철수하던 1946년 3월 24일, 독립군과 시민들은 반둥 남쪽 시가지에 불을 질렀다. 양칠성과 동료들은 산에 올라 활활 타는 반둥을 내려다보며 노래를 부르고, 그 불길을 가슴속에 담았다. 도시에서 밀려난 팡그란 파팍 부대는 게릴라전에 돌입한다.

"오늘 우리 임무는 이 치바투 철교를 폭파해서 수송 열차에 실린 네덜란드 군수품을 빼앗는 거다. 열차 안에는 경비병이 있을 테니 열차가 서면 빠르게 공격해야 한다. 대원들도 알다시피 이 군수품은 우리 독립군에게는 꼭 필요한 물자들이다. 반드시 성공을! 건투를 빈다."

게릴라전
유격전이라고도 함. 적의 배후나 측면을 소규모의 유격대가 기습·교란·파괴하는 전투.

지휘관 아오키가 지시를 내리자 양칠성과 팡그란 파팍 부대원들은 철로 주변 풀숲으로 숨어 들어갔다. 잠시 후 팽팽한 정적을 깨고 멀리서 열차가 달려오고 있었다.

조금만 조금만 더 폭약을 설치해 놓은 철로까지 열차가 오길 기다리며 대원들은 긴장을 늦추지 않았다. 열차가 사정권 안에 진입하자 한 대원이 폭약 스위치를 힘껏 눌렀다.

"쿠궁 우르릉……."

"끼-끽."

천둥소리 같은 폭발음과 함께 열차 칸이 부서지며 급정거를 한 순간 독립군들이 달려들었다. 양칠성 또한 갑작스런 공격에 우왕좌왕하던 네덜란드 군인들을 향해 능숙하게 방아쇠를 당겼다.

기습 작전은 대성공을 거두며 부대의 명성을 높였다.

네덜란드는 이를 갈았다. 자신들이 원숭이 같다 무시하던 일본인에게 패했던 것만도 분한데 고분고분 순종적이던 인도네시아 인들까지 이젠 독립을 외치며 저항을 하다니. 게다가 게릴라 소탕 작전마저 예상치 않게 고전하고 있었던 것이다. 네덜란드 군은 독립군들에게 큰 금액의 현상금을 건 채 앞선 화력으로 그들을 깊은 산

중으로 몰아가며 최후의 일전을 준비하고 있었다.

1948년 11월 가룻에서 10여 킬로미터 정도 떨어진 높은 고원의 산중 마을에 새벽같이 네덜란드 군이 들이닥쳤다. 가족을 먼저 피신시킨 양칠성과 부대원들은 꺾이지 않는 눈빛을 주고받았다. 하지만 제멋대로 자라 늘어진 머리카락과 가슴까지 오는 수염에 남루한 옷차림은 산중 생활이 얼마나 혹독한지 보여 주고 있었다. 대낮에도 컴컴하고 밤에는 오싹하리만치 서늘한 산속에서 나무껍질을 벗겨먹으며 늘 도망 다녀야 하는 게릴라의 삶. 자신들보다 더 굶주리는 부인과 아이들을 봐야 하는 것도 고통이었다.

'더 이상 버릴 것도 없다. 4년 동안 부끄럽지 않게 싸웠어, 자유와 독립을 위해서 말이야. 설령 오늘이 최후가 되더라도 후회는 없다!'

나무 뒤에 몸을 숨긴 양칠성은 어렴풋한 빛을 등지고 다가오는 네덜란드 군을 조준하였다.

27년 후 다시 찾은 명예

자바섬 서쪽 산간 도로를 달리면 닿는 작은 가룻 마을에는 파시

르포고르 민중 묘지가 있다.

  1975년 11월 17일, 묘 주위에는 젊은 날 함께 싸웠던 옛 동지들과 유골을 모시는 장병들, 주민들로 가득했다. 27년 만에 꺼내진 세 구의 시신을 지켜보던 사람들은 다들 얼굴을 돌렸지만 한 사람만은 달랐다. 소리 없이 뜨거운 눈물을 흘리며 유골에 묻은 진흙을 조심스레 떼어 내고 있었다.

  '동지여, 산중에서 거머리에게 피를 빨리며 함께 싸우던 동지여. 밤이면 오싹했던 그때 추위만큼 땅속의 잠도 차갑지는 않았나. 정말 오래 기다렸네. 동지들이 목숨 바쳐 싸웠던 공적이 드디어 인정을 받았어! 인도네시아 독립 영웅으로 서훈되었다네. 명예를 되찾기까지 너무 오랜 시간 기다리게 해 미안하네.'

  젊은 시절 함께 독립군으로 싸웠던 다츨란 씨는 마음으로 기도하며 맨손으로 유골을 깨끗이 닦았다. 유골들은 인도네시아 국군이 준비한 새 관에 조심스럽게 담겼다. 세 개의 관은 인도네시아 국기에 감싸여 다음 날 영웅 묘지에 재매장되며 조촐한 기념식을 치르기로 예정되어 있었다.

  세 명의 독립 영웅 안에는 야나가와 시치세이, 코마르딘, 또는 양칠성이라 불리던, 1949년 서른세 살에 인도네시아 독립을 위해 싸우다 산중 게릴라 진압 작전에서 체포돼 총살당한 청년이 있었다.

조선인 군무원일 때도, 인도네시아 독립군일 때도 제국주의의 거대한 힘에 억눌려 살아야 했던 청년. 그러나 불의를 떨치고 일어나 자유와 독립을 되찾으려 싸웠던 젊은 청년이었다. 양칠성은 이제 긴 잠에서 깨어나 많은 사람들 마음에 영웅으로 오래 기억될 것이다.

열여섯 번의 청원과
'고려독립청년당'

　젊고 순수한 청년들은 조국을 위해 무엇이라도 해야 한다고 생각했었나 보다. 바로 멀고 먼 남방, 자바섬에 보내진 조선인 군무원들의 이야기다.

　2년이 넘는 근무 기간 동안 모멸감과 차별에 시달릴 대로 시달린 조선인 청년들은 막바지에 다다른 전쟁에서 연합군의 승리를 예상하고 있었다. 그렇다면 연합군이 자바섬에 상륙할 때를 놓칠 수 없었다. 억류 중이던 연합군 포로들과 힘을 합쳐 후방에서 일본군을 혼란스럽게 만들거나 아예 연합군에 가세해 제대로 전투를 치르고 싶었던 것이다. 조직이 필요했다.

　이억관은 경성에서 태어나 서대문형무소 간수로 일하며 독립운동을 하다 감시를 피해 남방에 온 인물이었다. 자바에서 뜻이 맞는 동지들을 규합해 항일 조직을 만들려는 의지가 강했다. 우선 열 명의 청년들이 모였다. 1944년 12월 29일 밤 11시 장소는 스모오노 교육대, 일본인 상관에게 불순분자로 찍혀 특별 재교육을 받은 곳에서였다.

조직의 명칭은 '고려독립청년당', 조직 규범인 강령도 정했다. 뒤이어 당 선언문이 낭독되고 자신들의 피로 이름을 쓴 뒤, 이억관을 총령으로 선출하였다.

열 명의 혈맹 동지에 이어 조직 당원 열여섯 명이 새로 가입하여 거사를 도모하는 와중에 혈맹 당원 손양섭, 민영학, 노병한이 암바라와 분견소에서 반란을 일으킨 후 자결하는 사건이 있었다.

총령 이억관은 두 번째 거사를 도모한다. 바로 스미레호 수송선을 빼앗아 탈출하기.

네덜란드와 영국군 장교를 이송하기로 한 스미레호에 조선인 군무원들도 승선하여 일을 하는데 일본군보다 군무원의 수가 더 많으니 제압이 가능하다는 계산이었다. 배에 탈 포로들과도 작전을 함께하자 설득하였다.

그러나 조직 당원 신재관의 밀고로 군무원들은 승선하자마자 짐칸에 갇히고 작전은 실패한다. 전원 체포된 당원들은 임시 군법 회의를 거쳐 제16군의 감옥에 보내진다.

1945년 8월 26일 당원들은 풀려난다. 일본군의 항복 덕분이었다.

드디어 귀국을 꿈꾸며 희망에 부푼 조선인 군무원들에게 생각지 못한 시련이 찾아온다. 형무소에 분산 수용돼, 연합군이 벌이는 전범 심문을 받아야 했던 것이다.

하루에 몇 번씩 끌려가 예전 포로들 앞에 늘어서 있으면 그들이 가해자를 찾아내는 대면 지목은 간이 오그라드는 일이었다.

무려 조선인 군무원 68명이 전범으로 기소돼 유죄 판결을 받았고, 그 안에는 처형된 박성근 같은 청년도 있었다.

혈맹 당원이었던 이상문 씨는 다행히 혐의를 벗고 귀국할 수 있었다.

살아온 나날 동안 꿈속에서 젊은 날의 동지들을 만난다는 이상문 씨는 자신들이 목숨을 걸고 한 항일 운동이 한국 독립운동 역사로 평가받는 데 노력을 다하였다.

마침내 2011년 11월 17일 순국선열의 날에, 고려독립청년당 혈맹 당원들은 독립유공자로 서훈되었다.

  30여 년간 국가보훈처에 올린 열여섯 번의 청원이 번번이 증거 자료가 부족하다는 이유로 사실 인정이 미루어졌기에 더욱 감격스러운 일이었다.

  동지들의 기억을 놓지 않았던 이상문 씨의 염원과 조선인 군무원 전범 문제를 추적했던 우쓰미 아이코 교수와 남편인 무라이 요시노리 교수의 노력이 어우러진 결과였다.

행동하는 사람, WHO 사무총장
이종욱

안타까운 한센병 환자들

남태평양의 크고 작은 섬들이 모인 사모아의 아침. 옅은 하늘빛과 잔잔한 바닷바람에 기분이 좋아지는 시간이었다. 린든 B. 존슨 병원에 근무하는 한국인 의사 이종욱은 짬을 내어 한센병 환자들을 치료하러 나섰다. 환자들을 처음 만났던 날, 따로 격리되지 않은 채 가족과 함께 사는 모습이 놀라웠던 기억이 떠올랐다. 이종욱이 마을에 다다르자 밝은 외침이 들렸다.

"슈바이처 의사가 오셨다!"

어른, 아이 할 것 없이 마을 사람들이 함빡 웃으며 작은 키의 한국인 의사에게 몰려들었다.

한센병
'나병'을 달리 이르는 말. 피부에 살점이 불거져 나오거나 반점 같은 것이 생기고, 눈썹이 빠지고 손발이나 얼굴이 변형되며 눈이 잘 보이지 않게 된다.

"자, 어디 상처 난 곳을 좀 볼까요?"

엄마의 옷자락을 놓지 않는 아이를 데리고 진료소를 찾은 여인이 첫 번째 환자였다. 익숙하게 왕진 가방을 펼친 이종욱은 진료를 시작했다. 딱딱하게 굳어 가는 피부에 연고를 발라 주고 치료약을 챙기던 이종욱은 큰 눈으로 자신을 뚫어지게 쳐다보는 아이와 눈길이 마주쳤다. 까맣고 자그마한 얼굴에는 천진함이 가득했다. 아이를 좋아하고 소탈한 성품인 그는 눈을 마주 보며 씩 장난스런 웃음을 지었다.

어른을 공경하고 노래와 춤을 즐기는 평화로운 이 섬나라에는 군대도 없지만, 제대로 된 의료 기기도 없었다. 병원이 없는 마을도 수두룩했다. 그러다 보니 8~13명까지 대가족을 거느리며 가난과 질병에 시달리는 섬사람들에게 이종욱 같은 의사는 너무도 간절히 필요한 존재였다.

이종욱은 한센병 환자들을 진료할 때면 1976년에 봉사를 다니던 한국의 성 라자로 마을이 떠오르곤 했다. 남들보다 7년이나 늦게 들어간 의대를 마치고 서울에 있는 한 보건소에서 일하던 시기였다.

성 라자로 마을
경기도 의왕시에 있는 한센병 환자들의 치료와 재활을 돕는 곳.

사모아의 한센병 환자들이 가족과 함께 지내는 모습을 보면 감옥에 들어간 죄인처럼 세상 밖으로 나가지 못하고 모여 지내는 성 라자로 마을의 한센병 환자들이 안타까울 뿐이었다.
　'환자가 약만 먹으면 전염력이 없어져 위험하지 않는데 말이야. 사람들이 가진 잘못된 편견이 몸이 아픈 환자들의 마음까지 아프게 하고 있으니…….'

그러나 안타까운 기억만 있는 건 아니었다. 성 라자로 마을은 주변 경치가 무척 아름다웠고, 80여 명의 환자들도 따뜻하고 좋은 분들이었다. 또 일본인이면서도 한국말을 유창하게 하며 환자를 살갑게 돌보는 봉사자 가부라키 레이코를 만나 결혼이라는 소중한 인연을 맺을 수 있게 해 준 곳이기도 했다.

새로운 시작

사모아 사람들은 자신들을 위해 의료 봉사 활동을 하는 이종욱을 '아시아의 슈바이처'라고 불렀다. 이방인임에도 환자들을 정성껏 치료했기 때문이다. 한편으로 그는 연구에도 힘을 쏟았다. 하와이 대학에서 진행했던 잠복기의 한센병을 발견해 내는 검사인 ELISA(효소면역측정법) 연구 결과를 꾸준히 발표하며 한센병 분야의 전문가 자격을 갖춰 나갔다.

2년여 동안 새로운 환경에 적응하며 열심히 의사로서 소임을 다하던 이종욱에게 새로운 기회가 찾아왔다. 1983년에 WHO 남태평양 지역사무처 한센병 자문관직을 제의받은 것이다.

사무소는 피지 공화국의 수도인 수바에 있었다.

WHO(세계보건기구, World Health Organization)는 유행성 질병이나 전염병 대책을 마련하고 회원국들의 공중 보건과 관련한 행정을 강화, 지원하는 한마디로 세계 각국의 건강 문제를 해결하는 중간자 역할을 하는 국제기구이다. 특히 가난과 질병에 시달리는 아프리카, 동남아시아, 남아메리카, 중동 같은 지역은 세계보건기구의 활동과 지원이 절실한 곳이다.

당시에 WHO는 큰 명성을 떨치고 있는 국제기구였다. 1980년에 두창(천연두) 퇴치를 공식 선포해 세계 과학계와 정치계에 큰 업적을 남긴 WHO에서 일할 수 있다는 것은 더없이 좋은 기회였다.

이종욱은 의사로서 직접 환자를 만나 치료하는 것도 보람되지만 이런 국제기구에서 효율적인 공중 보건 사업을 펼친다면 더 많은 사람들을 살릴 수 있다는 생각이 들었다. 더욱이 자신의 어린 시절을 생각하면 망설일 이유가 없었다.

"한국 전쟁 때 나는 다섯 살이었어요. 어머니와 두 형제와 함께 서울에서 대구까지 꼬박 60일 동안 눈길을 걸어서 가야 했어요. 그때 사람에 대한 연민을 처음 느꼈지요."

1945년에 4월 12일 일제가 물러날 즈음 서울에서 이종욱은 태어났다. 일제 강점기에 이어 한국 전쟁까지 살기 힘들었던 그 시절에, 공무원을 하던 아버지가 있어 안정된 생활을 누린 이종욱도 위로 세 명의 동기를 잃어야 했다. 바로 병 때문이었다. 가난한 나라에 태어나 제대로 된 의료 혜택을 받지 못해 일어난 불행이었다.

게다가 다섯 살 어린 나이에 겪은 전쟁. 대구로 먼저 떠난 시청 직원 아버지를 쫓아 나선 피란길에서 보았던 모진 상황들 속에서 삶과 죽음이 종이 한 장 차이임을 느꼈던 것이다. 부모를 잃고 울던 아이들, 추운 길 위에서 죽어 가던 사람들. 먼 길에 소마저 지쳐 쓰러지면 그 자리에서 갈라 고기로 팔았다. 소 주인이 도축하는 모습은 호기심 많은 이종욱에게는 색다른 광경이라 어머니와 누나가 보지 말라고 할 때까지 눈을 뗄 수 없었다.

어린 나이에도 절박한 상황이 보였기 때문일까. 청주에서 대구로 떠나기 전 소달구지에서 뛰어내리다 발목을 삐끗했던 종욱은 절뚝이며 걸으면서도 떼를 쓰지 않고 묵묵히 고된 여정을 견뎠다.

다행히 대구에 도착해 아버지를 만나고 나서는 아이답게 강가에서 놀며 개구리를 잡는 생활을 할 수 있었지만 말이다.

인생은 주어진 길만 가는 것이 아니다

서울이 수복된 뒤인 1951년 9월, 가족들과 이종욱은 집으로 돌아왔다. 공무원 아버지 덕분에 승용차를 타고 등교하는 남부러울

것 없는 생활을 할 수 있었던 종욱은 사람들과 어울리기 좋아하는 영리한 학생으로 성장했다. 학교 성적에 신경 쓰기보다는 세계 여행을 꿈꾸고 모험 이야기를 즐겨 읽으며 해적이 되고 싶어 했다.

자유로운 이 소년은 친구들에게 인기가 많았고 경복고등학교에 다니며 유학을 계획하고 영어 공부를 열심히 하였다. 그러던 중 아버지가 후두암으로 세상을 갑작스럽게 떠나게 되었다.

자신을 많이 아끼고 사랑하던 아버지의 죽음은 너무나 고통스러운 일이었고 경제적인 어려움도 가져왔지만 친구들에게조차 슬픔을 내색하지 않았다.

'남들이 가는 길을 따라가지 않음으로써 받는 불이익이 어떤지 잘 알고 있어. 하지만 어쩔 수 없어. 그건 병과도 같아. 건축을 전공하고 3년 이상 사병으로 군 복무를 하고 나서 의사가 되기로 했으니 더 어리석었지.'

건축 공학을 전공한 뒤 군 복무까지 마친 이종욱은 사회인으로 나가는 길을 따를 수가 없었다. 남편을 잃은 슬픔을 감추고 강인한 여인이 되어 가족을 이끄는 어머니와 약국을 하며 집안을 책임지는 누나를 생각하면 면목이 없었다.

이런 자신의 심경을 친구에게 편지로 전하며 인생의 목표를 다 잡던 이종욱은 다시 시험을 치러 서울대 의예과에 입학한다. 동기생들보다 무려 7년이나 늦은 시작이었으나 학생 대표가 될 정도로 친화력을 발휘하며 학업에 열중했던 시절, 그는 다시 미국 유학을 꿈꾼다.

학교를 졸업한 1976년 미국 의사로 일할 수 있는 비자 자격시험을 준비하며 서울의 한 보건소에서 일하던 이종욱은 성 라자로 마을로 지원을 나갔다. 1950년 미국의 한 카톨릭 선교회가 한센병 환자들이 생활하며 요양할 수 있도록 만든 그곳에서 바로 일본인 봉사자 가부라키 레이코를 만나게 된 것이다.

모두가 꺼리는 병을 무료로 치료해 주는 젊은 의사와 영문학을 전공한, 헌신적이며 마을 사람들을 존중하는 사려 깊은 젊은 여성이 서로의 모습에서 호감을 느끼는 것은 당연한 일이었다.

게다가 의대를 졸업한 이종욱은 자신에게 들어오는 중매결혼 제의를 몹시 한심해하고 있었다. 의사라는 안정된 직업을 보고 결혼을 하려는 여성이나 그 집안에서 내거는 물질적 약속은 자립적이고 동등한 여성을 원하는 이종욱에게는 질색할 만한 일이었다.

춘천도립병원 응급실로 자리를 옮기고 나서 레이코를 찾아간 이종욱은 그녀에게 청혼을 한다. 일본인이라는 장벽보다 검소하고 봉사하는 삶을 지향하며 한국어 또한 유창한 레이코야말로 자신의 짝이라는 결심이 섰기 때문이었다. 물론 그 길이 결코 쉽지 않으리라는 것 또한 잘 알고 있었다.

춘천에서 단란한 신혼 생활을 하며 아들 충호까지 얻었지만 아내는 이민법 때문에 6개월마다 일본에 가야 했다. 아내, 아들과 떨어져 지내는 시간이 이종욱은 무척 힘들었다.

다행히 미국인 친구의 도움으로 하와이 대학에서 공중보건학 석사 과정을 밟을 기회를 얻으며 이 문제는 해결할 수 있었다.

WHO와 함께

새로운 길에 대한 설렘을 안고 집으로 돌아온 이종욱은 아내에게 자신의 결심을 이야기했다.

"레이코, 내가 제의받은 직책이 이제까지 연구해 오고 치료해 왔던 한센병 담당이라는 게 난 반가웠어. 그리고 국제기구에서 일하는 게 우리가 늘 계획했던 의사로서 미국 이민을 가는 것보다 더 나을 거고 말이야. 유엔 직원이 되어 통행증을 받으면 골머리 앓던 비자 문제도 해결이 될 거요. 무엇보다 이곳 남태평양 섬들은 진료를 다니다 보면 의사가 귀해서 사람들이 나를 얼마나 반기는지 몰라. 낯선 곳에서 적응하려면 여러 가지로 힘들겠지만, 레이코 우리 힘내 봅시다."

긍정적이고 활기찬 남편을 보면서 레이코 또한 밝은 미래를 꿈꿀 수 있었다.

이종욱은 인사권을 가지고 있는 서태평양 지역 사무처장인 나카시마 히로시 박사에게 자신이 왜 한센병 담당관에 적임자인지를 적극적으로 보이며 좋은 인상을 심었다. 1983년 6월, 이종욱은 피지에서 새롭게 국제기구의 직원으로 출발한다.

운전기사가 딸린 차가 나오고 회의를 하기 위해 다른 곳을 갈 때면 비즈니스 석을 타며 고급 호텔을 숙소로 쓰는 경제적 여유와 함께 9시부터 5시까지만 근무하는 공무원으로서의 시간적 여유에 이종욱은 길들여지기를 꺼려 했다. 자신이 환자를 만나는 의사임을 잊지 않으려는 듯 전에 근무했던 사모아를 비롯해서 뉴질랜드나 뉴헤브리디스의 산토 섬 같은 남태평양의 오지를 열심히 찾아다녔다.

의료 혜택을 못 받는 사람이 없어야 한다는 신념으로 한센병 환자들을 방문하였던 것이다. 섬 안에서는 지프를 타고 다니거나 차가 다닐 수 없는 길은 걸어서라도 찾아가 인술을 펼쳤다.

이종욱과 함께 일한 동료들은 한결같이 그를 '열정을 지닌 의사이며, 질병 퇴치와 예방에 혼신을 다했다.'고 평하였다. 인류애나 사명감 같은 거창한 수식어는 불편해했지만 의료 혜택에 소외된 사람들의 처지를 누구보다 안타까워했던 의사 이종욱. 사람들이 오지를 떠돌며 의료 봉사를 다니는 자신을 우러러볼 때마다

인술
사람을 살리는 어진 기술이라는 뜻으로, '의술(醫術)'을 이르는 말.

손사래를 치며 말했다.

"다 월급 받으며 한 일인데. 뭐 그런 걸, 대단한 것도 아니지."

그러나 WHO는 1980년대 말에 한센병 치료의 목표를 '주어진 인구 1만 명당 한 건 이하의 유병률'로 정했는데 이 과정에 이종욱도 큰 몫을 해냈음은 말할 것도 없었다.

유병률
어떤 시점에 일정한 지역에서 나타나는 그 지역 인구에 대한 환자 수의 비율.

이 지역에서 이종욱의 이름이 서서히 알려지자 한센병 치료와 관리에 큰 역할을 하는 유능한 직원으로 인정을 받게 되었다. 1986년 제네바 본부의 축소판이라 할 수 있는 필리핀 마닐라의 사무처로 자리를 옮긴 이종욱은 나카시마 히로시 서태평양 지역사무처장이 WHO 사무총장이 되는 데 힘을 보태기도 한다. 마닐라에서 일하는 7년간 질병관리국장이 되어 소아마비 퇴치에 앞장서며 꾸준한 성과를 얻어 신뢰를 쌓은 이종욱은 국제기구에 필요한 전문성과 후원자들을 다루는 사교성, 복잡한 국제 관계에 균형을 맞출 수 있는 요령을 갖춰 나갔다.

1994년 4월 WHO 사무총장 나카지마는 이종욱을 스위스 제네바로 불러들였다. 서태평양 지역 사무처에서 일약 본부의 요직 가운데 하나인 어린이 백신 사업 국장으로 임명한 것이다.

백신의 황제

이종욱이 예방 백신 국장으로 진행한 첫 번째 사업은 '소아마비와의 전쟁'이었다. 마닐라에서 질병 관리 국장으로 일할 때부터 소아마비 퇴치를 위한 백신 연구 사업을 맡아 온 터라 더 힘을 낼 수 있었다. 소아마비는 어린아이에게 주로 발병하며 운동 기능이 마비되는 병인데, 예방 주사를 맞으면 충분히 피할 수 있다. 하지만 가난한 나라에서는 약을 구하기 쉽지 않기 때문에 많은 아이들이 병을 앓고 평생 장애를 안고 살아가게 되는 것이었다.

"백신은 놀라울 만큼 저렴한 비용으로 매년 수백만의 생명을 구할 수 있는 최선의 치료제입니다. 그러나 제약 회사들이 백신의 개발과 보급보다 돈벌이가 쉬운 치료제 개발에 치중하고 정부나 사회단체들도 적극성을 보이지 않고 있습니다. 이 때문에 전 세계에서 전염병으로 죽어 가는 인구가 연간 천삼백만 명이 넘습니다."

그렇기에 세계보건기구처럼 이권이나 이윤 창출에 연연하지 않는 곳이 나서야 한다고 이종욱은 생각했다. 효과적인 행동이 절실한 시점이었다.

아침 9시부터 전문가들과 백신 관련 회의로 업무를 시작하여, 회의를 마치고 나면 백신 프로그램의 사업 자금을 위해 사람들을 만나야 했다. 필요하다면 출장도 마다하지 않았다.

이종욱은 세계 여러 나라를 돌며 WHO 192개국

동아일보 1995년 3월 28일자 기사에서 인용.

회원국들이 내는 지원금과 대기업들의 지원금으로 가난한 나라 사람들이 겪는 건강 불평등이 해소될 수 있음을 알려 나갔다.

이종욱이 책임자가 되기 전인 1990년부터 추진해 왔지만 진척이 없었던 이 사업은 이제 힘을 받아 가난한 나라에 우선적으로 백신을 공급할 수 있게 되었다. 1년 후인 1995년에는 소아마비에 걸리는 비율이 세계 인구 만 명당 한 명 이하로 떨어지는 놀라운 결실까지 이루어 냈다. 사실상 그 결과는 소아마비가 박멸되었다는 뜻이었다.

미국 과학 잡지인 〈사이언티픽 아메리칸〉은 이종욱의 성과를 알리며 그에게 '백신의 황제'라는 최고의 호칭과 함께 '전염병과 싸우는 인류 보건의 희망'이라는 극찬을 선사했다.

1998년에는 그로 할렘 브룬틀란이라는 노르웨이 총리를 지낸 여성이 새로운 사무총장에 취임했다. 이후 이종욱은 선임 정책 자문, WHO 정보 통신 시스템 감독관을 거쳐 2000년에 결핵관리국장으로 임명되었다. 예방 접종과 치료제로 발병률을 잡았다 여겼던 결핵이 아프리카에서 급격히 증가하며 전보다 더 강해져 공중 보건에 가장 큰 위협이 되던 때였다. 이종욱은 결핵을 퇴치하기 위해 '글로벌약품조달기구'를 창설했다. 이곳을 통해 WHO 회원국들이 낸 기부금으로 결핵약을 대량으로 구입했기 때문에 원래 가격보다 훨씬 싸게 살 수 있었다. 이 약들은 북한과 19개 나라에 전달되었다.

이종욱은 기자들과 인터뷰를 할 때나 직원들과 업무 이야기를 나누며 종종 왜 지원금을 내는 일이 모두에게 이익인지 설명하곤 했다.

"지금도 아프리카 사하라 사막 이남 지역에는 단돈 몇십 달러가 없어서 결핵으로 수많은 사람들이 죽어 갑니다. 그러나 지구 한편에서는 한 대에 몇억 달러에 이르는 미사일들이 날아다니고 있고요. 지구상에 이렇게 가난하고 병든 나라를 방치하다 전염병이 퍼진다면 우리 모두 피해를 입게 된다는 것을 알아야 합니다. 전염병 퇴치를 위해 돈을 냄으로써 전염병의 확산이 막아진다면 그건 그 나라에도 이익인 거예요. 당연히 우리는 무조건, 좀 더 잘사는 나라가 못사는 나라를 위해 자선을 베풀고 지원해야 할 것입니다."

2003년, 피지에서 처음 일을 시작해 20년간 WHO에 몸담으며 행동으로 보여 왔던 그의 신념은 변화를 만들고 있었다.

최초의 한국인 WHO 사무총장

이종욱은 젊은 직원들이나 인턴 직원들을 만나게 되면 늘 장래희망이 무엇인지 묻고는 했다. 자신의 인생에 주인 의식을 갖고 미래를 설계하여, 노력하기를 바라기 때문이었다. 또 젊은 직원들이 맡은 바 업무에 집중하며 일하기에 앞서, 세계인의 건강을 책임지기 위해서는 그들의 헌신이 무엇보다 필요하다는 것을 스스로 깨달아야 했기 때문이다.

WHO 전염병 감시국 요원인 카를로스 어바니는 중국 광동성에서 사스가 시작되어 아시아에 번질 때 베트남 하노이에서 현장 활동을 하다가 사스에 감염되어 사망한 인물이다. 이렇게 기존에 없던 새로운 질병이 나타나면 아무리 위험하다 해도 누군가는 환자를 직접 봐야만 그 질병을 관찰하고 전파 경로를 살필 수 있다. 바로 어바니 같은, WHO의 직원들의 역할인 것이다.

이종욱은 환자를 돌보다 사망한 어바니를, 그의 헌신을 직원들이 늘 기억하길 바랐다.

WHO 안에서 그 누구보다 바쁘게, 부지런히 업

사스(SARS)
중증급성 호흡 증후군. 사스-코로나 바이러스가 인간의 호흡기를 침범하여 발생하는 질병.

무를 수행하면서 퇴근 후조차 프랑스 신문을 읽거나, 세계 저널 잡지를 보며 국제적 사안 파악에 노력을 게을리하지 않았던 이종욱. 그에게도 20년 동안 간직했던 꿈이 있었다.

그 꿈은 바로 WHO 사무총장이 되어 세계인들의 건강을 위해 자신이 구상해 왔던 일들을 펼치는 것이었다.

'질병으로 고통받는 사람들이 안전하고 건강하게 살게 될 날을 위해, 나는 모든 소외된 인류의 주치의로서, 불평등한 의료 복지를 바로잡겠어!'

2003년이면 당시 사무총장이던 브룬틀란 박사의 임기가 끝날 시기였다. 이종욱은 결핵 치료로 북한을 방문했을 때 서울로 넘어와 정부 관계자들에게 지원을 요청했다. 자신이 WHO 사무총장이 되어야 하는 이유를 A4 종이 8장에 빼곡하게 적어 강력한 의지를 전했지만 당시 이종욱은 우리나라에는 거의 알려지지 않은 인물이었다. 오히려 그는 WHO 내부에서는 숨은 일꾼으로 인정받고 있었고, 미국 상하원 의원 54명의 지지 서한을 받기도 했다.

여러 나라에서 출마한 쟁쟁한 8명의 최종 후보자들과 7차 투표까지 가는 접전 끝에 이종욱은 2003년 1월 28일 WHO 사무총장이 되었다. 우리나라 최초로 국제기구 수장이 탄생한 날이었다. 유엔 기구 안에서도 독립적이며 막강한 자금을 쥐고 큰 영향력을 행사하는 WHO의 사무총장이 된 만큼 많은 눈과 귀가 이종욱에게 쏠려 있었다.

'이제 내 말 한마디에 세계가 주목하고 있다. 이런 영향력을 발전적으로 이용해야 해.'

에이즈에 시달리는 가난한 아프리카 문제, 사스나 조류 인플루엔자 같은 신종 전염병 대비책 같은 여러 사안이 세계 보건 의료를 책임지는 수장 앞에 놓여 있었다.

20여 년간 WHO에 몸담아 다양한 사업을 이끌었던 이 '내부 인사'인 이 사무총장에게 직원들은 열광적이지는 않아도 따뜻한 환영을 보였다. 이종욱은 이들 앞에서 앞으로의 목표를 제시했다.

"옳은 일을 적절한 곳에서 옳은 방법으로 한다!"

지금 바로 빈곤 지역을 우선 순위에 두고 HIV/AIDS 예방, 간호 치료를 연계하는 통합 전략을 확대해 지원해 나가는 일이었다. 2003년 한 해에만

조류 인플루엔자
(Avian Influenza, AI)
조류 독감. 닭, 오리, 야생 조류에서 조류 인플루엔자 바이러스의 감염으로 인해 발생하는 급성 바이러스성 전염병. 드물지만 사람에게서도 감염증을 일으킨다.

300만 명의 목숨을 앗아 간 에이즈. 다행히 항레트로바이러스 치료를 받으면 여러 해 생존할 수 있으나 비싼 약값이 문제였다. 효과적인 치료법이 있음에도 가난한 환자는 죽음을 면치 못하는 불평등한 상황에 누군가 나서야 했고, 그 누군가는 바로 WHO였다.

그 시작은 2005년 말까지 300만 명에게 항레트로바이러스 치료를 제공하겠다는 '3 by(바이) 5'사업이었다. 치료제를 보급하고 이들을 치료 관리한다는 야심 찬 목표의 관건은 바로 기금이었다. 목표 연도까지 남은 2년 5개월이라는 짧은 시간도 큰 부담이었지만 이종욱은 핑계를 만들어 우물쭈물하기보단 과감히 시작하는 쪽을 선택했다. 그 길이 옳다는 확신이 있었기에 가능했던 것이다.

세계를 돌며 지원금을 모으고, 각종 회의에서 WHO가 진행하는 사업을 알리며 가난한 나라 현장을 방문하는 바쁜 나날 사이에 2005년 12월 1일 에이즈의 날을 맞이하였다.

이종욱은 행사장 단상에 당당히 올라갔다. WHO 직원들과 에이즈 관련 단체들, 많은 기자들이 모여 있는 가운데 그는 에이즈 치료약 보급 사업인 '3 by 5'가 실패했다고 선언했다.

그리고 사람들의 큰 박수를 받았다. 이상한 일이었다.

"오늘까지 개발도상국의 에이즈 환자 가운데 100만 명 이상이 치료제를 공급받게 되었으며 아시아나 아프리카에서도 에이즈 치료 혜택을 받는 환자가 세 배로 증가했다는 결과를 보고합니다."

300만 명에는 이르지 못했지만 이 무모한 도전으로 에이즈, 특히 아프리카 에이즈 감염자들에게 세계가 관심을 기울이게 된 점, 많은 회원국들과 헌금자들의 자발적 지원과 참여가 이루어졌다는 점을 모두가 공감해 아낌없는 박수를 받았던 것이다.

함께 일을 하는 직원들 마음속에 이미 이종욱은 '행동하는 보스'였다. 사무총장 재선을 염두에 두고 달성 가능한 그럴 듯한 공약 선정에만 신경을 쓰는 정치적인 사람이었다면 하지 않았을 일들을 그는 해내고 있었던 것이다.

에이즈 구호 단체인 〈테런스 히긴스 트러스트〉와 전문가들도 평가를 내놓았다.

"이 사무총장은 가난한 나라의 에이즈 환자들을 위해 처음으로 실용적이고 구체적인 목표를 마련해 추진한 사람입니다."

"이 사무총장은 WHO의 에이즈 대응 방식을 근본적으로 바꾸어 놓았습니다."

이 일보다 한 해 전인 2004년 가을에 AI, 조류 인플루엔자가 동남아시아에서 무섭게 번졌다. 이 사무총장은 현장을 돌아보고 한국에도 들르는 바쁜 일정을 보냈다. 물론 가는 곳마다 AI와 앞으로 발생할지 모르는 신형 독감의 위험성을 알리려 노력했다.

"이러다 신형 독감이 생기지 않으면 난 양치기 소년 취급을 받게 되는 게 아닌지 몰라. 괜한 경고로 세계인을 두려움에 떨게 했다고 말이야."

직원들에게 가볍게 웃으며 농담처럼 던진 말이었지만 마음 한편은 무겁기만 했다.

"총장님, 무슨 말씀이에요? 신형 감기나 AI가 발생하지 않으면 그건 우리 WHO가 지금처럼 경고하고 대처를 잘해서 예방한 것이죠. 또 만약 우리 경고대로 발생한다면 준비한 대로 대응하면 되지 않겠습니까? 너무 걱정하지 마십시오."

"그렇겠지? 맞아. 언제든 미리 대처하게 하는 게 우리의 할 일이지. 회원국들에게도 만약의 상황을 제대로 알리는 것이야말로 가장 중요한 일일 거야."

이종욱은 조국에 보내는 충고도 잊지 않았다.

"선진국들은 이미 치료제인 타미플루를 20퍼센트씩 비축하고 있습니다. 한국도 준비하여야 합니다. 치료제를 사지 못한 북한에는 WHO가 삼만 명 분량의 약을 지원하였습니다."

당장에 쓰이지 않았던 대비책들은 그 이후 신종 인플루엔자가 등장했을 때 효과적으로 쓰였음은 말할 것도 없었다.

행동하는 사람, 이종욱

바쁜 일정에 쫓기던 이종욱은 2006년 제네바가 가장 푸른 5월 WHO 총회 준비를 하다가 쓰러졌다. 은퇴 후에 조용한 곳에서 좋아하는 책을 잔뜩 쌓아 놓고 읽고 싶다던 소망을 이루지 못한 채 다시는 눈을 뜨지 못했다.

스위스 제네바 노트르담 성당에서 거행된 장례식에는 그를 진심으로 따르며 좋아하던 각국 유명 인사와 직원들, 그리고 깊은 슬픔에 잠긴 가족들로 꽉 찼다.

WHO 홈페이지에 어떤 직원은 그를 기억하는 인상적인 추도사를 남겼다.

"이종욱 박사님은 지시하기보다는 모범을 보이는 사람, 유머를 좋아하는 사람, 남의 말을 잘 듣는 사람, 아는 게 많고 기억력이 좋은 사람이었다."

세계 각국을 방문했을 때 받은 선물들을 바자회에서 팔아 고아원을 돕고, 가난한 회원국들이 낸 기금으로 호강할 수 없다며 출장을 갈 때면 항상 2등석을 고집하고, 세계 보건을 책임지는 수장으로서 값싸고 작은 친환경 차를 이용하는 것이 옳다고 생각한 사람. 총회 연설을 할 때마다 마지막 인사는 항상 우리말인 "감사합니다."로 끝을 맺으며 분단국인 조국이 분단 긴장 완화에 자신을 잘 '써먹길' 바랐던 사람.

이종욱이 보여 준 '행동'들은 그를 유쾌하고 향기로운 사람으로 추억하게 한다.

국경없는의사회

　국경없는의사회가 시작될 수 있었던 원동력은 분노였다. 다급한 구호 현장에서 눈앞에 죽어 가는 사람들을 두고도 나이지리아 비아프라 내전에 파견된 의사들은 아무 일도 할 수 없었다. 그 나라 정부의 허가를 운운하던 적십자 때문이었다. 그들은 '사람의 목숨'보다 정치적 상황이나 행정 절차에 휘둘리며 본분을 지키지 못하는 의료 현장에 분노했다. 1971년 적십자를 박차고 나온 의사와 언론인 13명은 생명을 살리는 데 최선을 다하기 위한 원조 기구를 결성하기에 이른다. 바로 프랑스 파리에서 창설된 긴급 의료 단체 '국경 없는 의사회'의 시작이다.

　이들은 1년 예산의 대부분을 개인 기부금으로 재정을 충당해 자율성을 확보하려 애쓴다. '중립·공정·자원(自願)'이라는 3대 원칙과 '정치·종교·경제적 권력으로부터의 독립'이라는 강령을 내걸고 세계 어느 지역이든 전쟁·기아·질병·자연재해 들이 발생해 의사의 구조를 필요로 하는 상황이 발생하면 국경을 뚫고서라도 찾아가고 있다.

1972년 추가 지진의 위험으로 누구도 들어가지 않던 니카라과 지진 현장에서 이들은 첫 구호 활동을 벌였다. 1990년 걸프전 당시엔 국경없는의사회 소속 의사와 간호사, 활동가들은 60대에 달하는 전세기를 타고 포탄이 빗발치는 전장을 찾아갔다. 위험한 그곳에 난민 캠프를 설치해 7만여 명의 난민을 지키며, 전쟁 과정에서 이라크가 생화학 무기를 살포한 사실을 전 세계에 알리기도 했다.

　국경없는의사회는 2010년 아이티 대지진 당시에도 2,000명이 넘는 의료진과 현장 활동가를 파견했다. 역사상 최대 규모의 구호 활동을 펼치며 지진 피해 지역에 병원을 세웠고 8만 명에 가까운 부상자들을 치료했다. 또 병원에 갈 수 없는 산모 5,000여 명의 분만을 곁에서 도왔다. 이때, 국경없는의사회 소속 대원 12명이 목숨을 잃기도 했다.

　2014년 4,000명 이상이 숨진 서아프리카 에볼라 사태 때에도 이들은 함께했다. 4,000명의 의료진과 활동가들이 투입돼 감염 환자들을 치료했고, 이후 에볼라 백신 개발에도 주도적으로 참여했다. 이처럼 모두가 피하고 싶어 하는 가장 위험한 곳에서 목숨까지 위태로울 수 있는 상황에서도 국경 없는 의사회는 마지막까지 구호 활동을 펼치고 있다.

"불의와 정부 주도의 폭력, 개발의 그늘에 맞서 싸웠다."고 평가받는 이 비정부단체는 유일하게 북한 수해 현장을 방문해 전염병 예방 활동을 펼친 공을 인정받아 1996년 서울특별시가 제정한 '서울평화상'을 수상했다. 1999년엔 노벨평화상을 수상했다.

벨기에 브뤼셀에 본부를 둔 국경없는의사회는 현재 전 세계 60여 개 국가에서 3만 명 이상이 활동하고 있다. 2012년에는 홍콩과 일본에 이어 아시아에서 세 번째로 한국에도 사무소가 생겨 현재 14명의 상주 직원을 두고 있다.

자신들이 얻을 이익이나 안락한 생활을 포기한 채 험한 환경에서 일하며 1,000유로(약 130만 원) 정도의 활동비밖에 주어지지 않는 현장을 지금도 그들은 스스로 선택하여 기꺼이 찾아가고 있는 것이다.

이주 여성과 함께 가는 길
한국염

강을 건너는 가족

1947년 봄 심야

황해도 해주의 바다

이남과 이북의 경계선 용당포

사공은 조심조심 노를 저어 가고 있었다.

울음을 터뜨린 한 영아를 삼킨 곳.

스물 몇 해나 지났지만 누구도 그 수심을 모른다.

"뭐라고요? 우리 국염이를 어쩌자고요?"

어머니는 한 살 된 아기를 꼭 껴안으며 남편을 쳐다보았다. 자신보다 14살이 많고 가진 것은 없었으나 신학문을 깨친 사람이기에 선택한 남편이었다. 소학교 교사였던 자신을 동등하게 존중해 주리라는 믿음 때문이었다. 그러나 이런 순간조차 이성적으로 판단하는 냉정한 모습을 보이다니 기가 막힐 노릇이었다.

"안내인이 말하잖소. 강을 건너다가 애가 울기라도 하면 우리 가족만 들키는 게 아니라 여기 일행 모두가 위험해진다고! 어쩔 수 없소. 아이를 강에 던집시다. 대를 위해 소를 희생해야지."

"당신 미쳤어요! 이 한겨울에 애를 어쩌자고요. 세상에 아버지라는 사람이……. 난 못 해요. 죽어도 못 해요!"

소리라도 마음껏 지를 수 있었다면 덜 답답했을까. 같이 있던 사람들은 보초를 서는 군인들 눈에 띌 새라 주변을 살피기 바빴다. 어머니는 아버지와 월남하려는 일행을 쏘아보다 등을 돌렸다.

"알겠어요. 당신 마음대로 하세요. 우린 알아서 갈게요."

작게 한숨을 쉬며 고개를 떨어뜨리는 남편의 모습을 뒤로한 채 어머니는 강 상류 쪽이라 짐작되는 곳으로 발길을 돌렸다.

'강을 따라 위로 올라가면 깊이가 얕은 곳이 나올 거야. 거기서 건너자.'

어머니는 품 안에 잠든 아기를 들여다보았다.

'아가, 걱정 마라. 엄마가 어떻게 해서든 우리 딸을 지킬 거니까. 우린 무사히 남으로 갈 수 있어. 거기서 우리 오순도순 살아 보는 거야.'

매서운 겨울바람을 맞으며 강줄기를 거슬러 오르던 어머니는 멈추어 섰다. 거울처럼 반짝여 발을 담그면 산산이 깨질 것만 같은 한겨울의 임진강. 어머니는 아이를 높이 들쳐 메고 강물에 발을 담갔다. 찌르르하니 파고드는 한기에 뼛속이 저려 왔지만 딸을 살리기 위해서는 물살을 헤치고 나아가야 했다.

남북이 38도선으로 갈리고 대한민국과 조선민주주의인민공화국이란 두 개의 정부로 나뉘던 때 한국염의 아버지는 남녘 행을 결심했다. 북에서 권력을 잡아 가던 김일성에게 실망했기 때문이다.

북에서는 국회의원과 같은 대의원을 뽑는 선거를 '흑백 투표'라 불렀다. 당에서 결정한 단일 후보자를 찬성하면 그대로 흰색 투표함에 표를 넣고, 반대를 할 경우에는 기표소에 들어가 X를 표시하는 방식이었다. 자연히 당에서 미는 후보를 반대할 수 없는 분위기가 만들어졌다.

이렇게 민중을 억압하는 통치 방식에 답답함과 위기의식을 느끼는 지식인이나 종교인들이 남으로 내려가자 한국염의 아버지도 같은 선택을 한 것이었다.

임진강에서 갈라진 후 가족은 남으로 내려와 다시 만났지만 한국 전쟁 중에 아버지는 돌아가시고 또다시 모녀만 남게 되었다. 피란민이 되어 충청도 지방에 내려온 어머니는 남의 가게를 봐주며 생계를 꾸려 갔다. 고단한 생활이었지만 어머니는 늘 기도에 의지하며 힘을 냈다. 하나뿐인 자식을 키우기 위해서였다.

새싹이 자라듯 쑥쑥 커 가는 한국염은 씩씩하고 똑똑한 아이, 공부를 잘해서 남학생들과 어깨를 나란히 하는 당찬 아이였다. 학교에서나 교회에서나 여자라고 주눅이 들어 본 적 없는 어린 시절이었다. 어머니를 따라 주일을 지키며 성실한 신앙생활을 하던 아이는 사람들에게 목사가 될 재목이라는 말을 자연스럽게 들었다.

"국염아, 우리 서울로 이사 가자."

어머니는 들뜬 목소리로 이야기를 꺼냈다. 한국염이 초등학교 4학년이던 무렵이었다.

"갑자기 서울은 왜요?"

"이 광고 좀 봐라. 전쟁 미망인과 자녀들을 천호동에 있는 모자원에서 받아 준다는구나. 게다가 자녀들 교육까지 시켜 준다잖니. 이 시골에서, 우리 형편에 네 상급 학교 진학이 어미는 노상 걱정이었는데, 방법이 생겼어. 얼마나 감사한 일이니."

어디에 내놔도 모자란 것이 없는 자신의 딸에게 모든 기회를 주고 싶은 어머니는 기대에 들떴다. 어머니와 한국염은 오로지 교육을 위해서, 서울로 올라와 새 생활을 시작하였다. 그러나 겨우 굶주림을 면할 정도로 열악하기만 한 모자원 생활은 너무나 힘이 들었다.

분노가 힘이 되다

'먼 길을 돌아왔구나.'

대학교 교정을 거닐며 한국염은 생각에 잠겼다. 한국염은 고등학교를 졸업하고 공무원 생활을 하다가 뜻한 바가 있어 한신대학교에 입학했다.

문득 중학교 시절이 떠올랐다.

아침 조회에 들어온 선생님 얼굴에는 웃음이 한가득했다.

"일동 주목! 지난번 시험 결과가 나왔다."

시험 결과라는 소리에 긴장한 아이들 얼굴을 쭉 둘러보던 선생님은 한국염을 바라보며 말씀을 이어 갔다.

"우리 반에서 남녀 통합 전교 일등이 나왔어요. 한국염! 어서 일어나라."

까만 교복에 흰색 칼라를 반듯이 한 작은 소녀가 일어섰다. 작고 동그란 얼굴에 또랑또랑 빛나는 눈빛이 인상적인 바로 한국염이었다. 혹독한 모자원 생활 때문에 쑥쑥 크지는 못했지만 커다란 포부를 지닌 당찬 아이기도 했다.

"바로 국염이가 전교 일등이에요. 자랑스러운 친구에게 우리 박수 한번 쳐 주자."

친구들의 박수를 받으며 한국염은 환하게 웃을 수 있었다. 그러나 임진강을 건너던 이야기를 들은 고등학교 때부터 한국염 마음에는 그늘이 생겼다.

'어떻게 아버지가 어린 자식을 지켜 주지는 못할 망정 강에 던지자고 할 수 있어. 내 아버지가 그런 사람이라니, 밉다 미워.'

돌아가신 아버지를 원망하는 마음이 커져 갈수록 '하나님 아버지'라는 말조차 '아버지'라는 말 때문에 꺼려졌다. 그러니 전과 다르게 신앙생활도 건성건성 겉돌았다.

고등학교를 졸업하고 사회에 나가 일을 하였지만 마음 안의 갈등 때문인지 자신의 길을 찾았다는 생각이 들지 않았다.

'하나님 아버지……'

오랫동안 거리를 뒀지만 늘 마음에 남아 있는 존재였다.

'그래 부딪혀 보는 거야. 하나님 아버지가 주신 시련이니 교회 안으로 들어가 어떻게든 해결해 봐야 해. 이제 피하지 않고 내 문제를 마주 보자.'

신학대학에 입학한 1969년은 한국염에게 변화의 해였다.

마음속의 갈등을 극복하기로 마음먹자 정말 많은 할 일이 눈에 보이기 시작했다. 한국염은 신학대를 와서야 여성은 목사가 될 수 없다는 사실을 알게 되었다. 교회 안에서조차 심각한 여성 차별이 벌어지고 있었다.

한국염은 여신도들이 만든 단체에서 여성 목사 안수 허용을 위해 싸운다는 걸 알고 찾아갔다. 같은

안수
기도를 할 때 또는 성직 수여식이나 기타 교회의 예식에서, 주례자가 신자의 머리 위에 손을 얹는 일.

뜻을 가진 동료들과 성차별 반대 운동, 여성을 교육시키는 일들을 지치지 않고 해 나갔다. 성과도 있었다. 기독교장로회 교단에서는 1974년에 여성 목사 안수를 허용하였던 것이다.

그사이 한국염은 결혼을 하여 두 남매를 얻는 행복을 누렸다. 장학금을 받아 가족과 함께 독일로 유학도 다녀왔다.

한국염은 차별이 옳지 않기에 싸웠지만 정작 자신은 목사직에 미련을 두지 않았다. 하지만 청암교회의 담임 목사가 되기로 결심하고 1996년에 뒤늦은 목사 안수를 받았다.

교회가 있는 쪽방촌 창신동은 엄마, 아빠가 모두 일하느라 늦도록 돌아오지 않는 가난한 동네였다. 함께 교회를 꾸려 가는 남편 최의팔 목사와 한국염은 골목을 서성이는 배고픈 아이들이 눈에 밟혔다.

공부방을 열어 배고픈 아이들을 먹이고 숙제를 봐주며, 아이들이 길에서 방황하지 않게 보살펴 나갔다. 그것은 가장 약한 자식을 품어 주는 어머니와 같은 사랑이었다.

내가 품고 구하여 내리라

한국염은 이른 아침, 고요한 한때를 즐기며 성경을 읽고 있었다.

"내가 지었은즉 내가 업을 것이요 내가 품고 구하여 내리라."(사 46:4)

이 글귀를 읽는 순간, 하나님 아버지께서 '낳아서 업고 기르는'

어머니상과 겹쳐졌다. 한국염은 벼락처럼 찾아온 생각에 비로소 마음의 그늘이 걷히는 기분이었다.

'아, 하나님 아버지는 아버지인 동시에 어머니이기도 했구나. 어리석은 내가 이제야 그걸 깨달았어.'

고등학생 때부터 끊임없이 갈등했던 아버지 하나님과 이제는 화해할 수 있었다. 그러자 또 다른 기도가 떠올랐다.

'하나님 아버지, 오늘 이 사회에서 가장 힘들게 살아가는 사람들은 누구입니까? 제가 그들과 함께하겠습니다. 그들을 위해 일하고 기도하겠습니다.'

절절한 진심이 마음 가득 우러났다.

"목사님, 안녕하세요."

청암교회 문을 조심스럽게 열고 들어온 한 무리의 사람들은 불안해 보였다. 성남 양말 공장에서 일하다 도망친 중국 동포 노동자들이었다.

"어서 오세요. 잘 오셨어요."

노동자들을 맞이하는 한국염 눈에 얼룩덜룩한 멍든 얼굴이며 눈치를 보는 것 같은 주눅 든 태도가 들어왔다.

한국염은 몹시 지쳐 보이는 그들을 위해 우선 따뜻한 밥상을 차렸다. 한국에서 거의 처음으로 인간 대접을 받은 중국 동포 노동자들은 닫힌 마음을 열고 자신들의 사연을 털어놓았다.
"사장님이 월급을 몇 달이나 안 줬어요. 집에 돈도 부쳐야 하고 나도 생활비 있어야 하는데."

"왜 월급을 안 주냐고 물어봤나요?"

"그럼요! 참다 참다 말하니까 사장님 버럭 화를 냈어요. 건방지게 기어오른다면서 막 때렸어요."

중국 동포 남성은 옷을 들추며 멍든 자국을 보여 주었다.

"사장님이나 한국 직원들 너무너무 징그러워요. 우리가 지나가면 불러서 장난치고 몸을 만지려 하고요."

눈물을 그렁그렁 매단 채 중국 동포 여성들은 그게 제일 무섭고 싫었다고 목소리를 높였다.

"남의 나라에 돈 벌러 온 주제에, 쫓겨나고 싶지 않으면 말 잘 들으라고 협박하는데 더 이상 있을 수가 없었어요."

"우리를 돌봐 주시던 김해성 목사님도 잡혀가시고, 도와 달라 말할 곳이 없어요."

우리 사회가 놀라운 경제 성장을 이루며 여유로워진 만큼 1988년 이후부터 규모가 작은 생산업체 같은 곳에서 일하던 사람들이 점점 줄어들었다. 소위 3D 직종에서 일하려 하지 않았던 것이다.

정부는 동남아시아에서 돈을 벌러 온 사람들을

3D
더럽고(dirty), 힘들고(diffi-cult) 위험한(dangerous) 분야의 산업.

노동자로 받아들여 이 문제를 해결하려 했다. 외국인 노동자들이 당하는 차별과 폭력, 임금 체불 같은 문제에는 관심을 두지 않으면서 말이다.

이들은 한국염 목사 부부 앞에 주어진 새로운 사명이었다. 여러 사람들과 힘을 모아 1997년 서울외국인노동자센터를 세웠다. 외국인과 한국인 노동자가 함께 나가는 공동체를 만들고 싶었던 것이다.

많은 외국인 노동자들을 만나며 한국염은 그 가운데 이주 여성 노동자들에게 더 큰 관심을 기울이게 되었다. 그들을 돕다 보니 자연스레 외국인 노동자 남성보다 자신을 보호하기 힘든 여성들의 처지가 보였기 때문이다.

"돈 들여 데려왔는데 도망가면 안 된다고 여권도 빼앗고 혼자서는 나가지 못하게 했어요."

"텔레비전에서 본 잘사는 한국이 멋있어서 이곳에 왔는데 남편은 술만 마시면서 나보고 돈 벌어 오래요."

"가난한 나라에서 왔다고 욕하고 무시할 때 너무너무 속상했어요."

이주 여성 노동자들을 위한 쉼터를 운영하며 그들의 출산을 돕는 사업을 하던 때였다. 한국염 목사는 자신이 감싸 안아야 할 또 다른 약자를 만났다. 바로 한국 남성과 결혼한 외국인들, 결혼 이주 여성들이었다.

농어촌 지역은 젊은이들이 결혼할 배우자를 찾지 못한 채 나이 들어가는 일이 문제되고 있었다. 도시보다 상대적으로 못 살고, 극장 같은 문화 시설도 드물 뿐더러 의료 시설이 부족한 지방 농어촌. 게다가 살림과 농사일까지 과중한 노동이 부담스러운 곳으로 시집을 가려는 미혼 여성이 없었던 것이다.

정부는 중국, 베트남, 필리핀 같은 나라에서 외국인 신부를 맞이하여 문제를 해결하려 하였다.

1990년대 중반 이후 이렇게 급증한 국제결혼은 중개업자를 통해 이루어지다 보니 신랑 측은 적지 않은 비용을 내며 신부를 데려왔다. 그러다 보니 다른 문화와 언어를 가진 여성들을 배려하는 성숙한 자세가 부족했다. 이제껏 살던 고국을 떠나 대한민국 국민으로 살고자 찾아온 여성들에게 우리 사회는, 새로운 가족들은 오로지 순응하기만을 바랐다.

'24시간을 창살 없는 감옥에서 사는 삶.'

안타깝게도 이들을 만나며 한국염이 갖게 된 생각이었다. 이주 여성 노동자들은 일을 마치는 밤이면 쉴 수는 있지만 결혼하여 온 이주 여성들은 시댁인 '한국 가족'과 하루 종일 보내는 시간 속에서 한시도 편안하지 못했다.

말이 잘 통하지 않는 답답함과 다른 생활 방식만 해도 충분히 힘든 일이었다. 그러나 배려는커녕 외출도 쉽지 않은 처지일 뿐만 아니라 종종 한국인 남편이 휘두르는 폭력에 고통을 당하는 일들이 생기고 있었다.

'하나님 아버지, 이들이야말로 지금 우리 사회에서 가장 힘들게 살아가는 사람들입니다. 이 여성들이 남편의 나라 한국에서 뿌리내릴 수 있게 도와주십시오. 존중받고 살 수 있게 제 힘 닿는 데까지 함께하고 싶습니다.'

새로운 기도가 시작되었다.

"따르릉 따르릉."

"네, 이주여성인권센터입니다."

"한 목사님, 나 지은희예요. 잘 지내셨죠?"

"네, 장관님 안녕하세요?"

지은희 여성부장관은 전부터 함께 여성 운동을 하며 알고 지낸 가까운 사이였다. 당연히 한국염이 벌이는 결혼 이주 여성 인권 운동에도 각별한 관심을 가지고 있었다.

"오늘은 아주 반가운 소식을 전해 주려고요. 한 기업 대표가 결혼 이주 여성을 위해 앞으로 5년간 2억 원씩 지원금을 내기로 했어요. 우리 한 목사만큼 결혼 이주 여성 문제를 잘 알고 있는 분도 없잖아요. 정부에서는 이 기금을 센터에 위탁하기로 했어요. 그러니 그동안 하고 싶었던 좋은 사업을 정해 잘 꾸려 나가 보세요."

"아! 정말 감사합니다. 제가 장관님 쫓아다니며 귀찮게 군 보람이 있네요. 안 그래도 한국어 교육 사업이 급했는데 잘됐어요."

2005년은 드디어 이주 여성 문제가 사회에 널리 알려지는 아주 중요한 해였다. 8쌍 부부 가운데 한 쌍이 국제결혼하는 사회가 된 이상 정부의 관심과 대책이 절실해졌기 때문이다.

여성가족부로부터 인가받은 사단법인 한국이주여성인권센터로 이름도 새롭게 바꾸고 한국염은 함께 일하는 동료들과 팔을 걷어붙였다.

결혼 이주 여성이 겪는 가장 큰 고통은 바로 언어 문제였다. 말이 통하지 않는다고 외면하는 남편, 몇 달이나 살았는데 아직도 한국말을 못하느냐는 시댁의 닦달을 겪는 이주 여성이 가족과 소통하기 위해서 한국어를 배울 곳이 필요했다.

그러나 어디로 가야 도움을 받을 수 있는지 잘 알지 못했다. 외출도 쉽지 않고, 시댁 식구들은 이런 문제에는 무관심했기에 더욱 답답한 일이었다.

한국염은 센터 동료들과 회의를 거치며 우선 6개 지역을 정해 그곳 여성 단체를 선정, 한국어 교육을 시작하기로 했다. 외출이 어려운 여성을 위해서는 가정을 방문해 교육하기로 하는 세심한 계획도 넣었다. 이제는 보편화돼 도서관이나 각 지역 다문화가족지원센터, 사회복지관에서 펼치는 한국어 교육 사업의 시작이었다.

콩나물에 물을 주듯

굵은 빗방울이 떨어지는 2012년 7월 18일 정오.
덕수궁 대한문 광장 앞에 삼삼오오 검은 옷차림의 여성들이 모여들었다. 흰색 비닐 우비를 입은 한국염도 같이 일하는 활동가들과 자리를 잡고 앉았다.

올해 들어 벌써 세 명째였다. 한국염은 현수막에 쓰인 '이주 여성들이 죽지 않을 권리'라는 문구가 더욱 무겁게 다가왔다.

이름과 국적은 다르지만 여성 세 명이 모두 가정 폭력으로 아까운 목숨을 잃었다. 가정을 지키려고, 꽃 같은 자식을 지키려고 성실히 일하며 살았던 사람들이었다. 그들은 남편의 폭력을 피해 집을 나왔다가도 국적 신청을 가지고 남편이 협박을 하면 돌아갈 수밖에 없었다. 국적 신청서를 제출할 때 남편의 신원 보증이 필요한 제도 때문이었다.

"남편의 동의를 얻어야만 영주권을 얻을 수 있는 현행 제도를 바꿔야지요. 그래야 이주 여성들이 국적 심사를 받는 몇 년간 당하는 이런 인권 유린을 막을 수 있어요."

한국염은 참석한 의원과 이야기를 나누었다.

결혼 이주 여성이 자꾸 죽어 가는데 왜 한국 사회는 무관심하기만 한가 외치는 발언자의 울먹임이 광장에 퍼지고 있었다.

인권 유린
인권을 침해하는 일.

"선생님, 너무 속상한 얼굴로 앉아 계셔서 왔어요."

한국염이 돌아보니 베트남 결혼 이주 여성 탐이었다.

"아이고 탐! 아니 한국 국적도 얻었으니 한국 이름으로 불러야지. 지연 씨 반가워요."

5년이 넘는 시간 동안 열심히 한국어를 공부해 유창하긴 하지만 아직도 발음만큼은 어눌한 지연 씨는 한국염에게 소중한 인연이었다. 2006년 정부를 설득해 영어 상담만 가능했던 '1366 이주 여성 긴급 전화'를 각 이주 여성 나라의 모국어로 상담이 가능하도록 고친 후 받은 첫 사례였기 때문이다.

"선생님이 우리 문제를 모두 해결해 주실 수는 없잖아요. 자책하지 마세요. 상담 전화 덕에 다시 용기 낸 저 같은 친구도 있다는 걸 잊지 마셔야 해요."

365일 그리고 24시간 내내 상담이 가능한 '1577-1366 이주 여성 긴급 전화'에 도움을 청했던 탐은 이제 어엿한 다문화 강사로 성장해 있었다.

어린 나이에 결혼 중개업자를 통해 만난 한국인 남편은 가난한 친정도 도와주겠다고 약속하는 듬직한 사람이었다. 풍요로운 나라 한국으로 간다는 설렘까지 더해 선택한 결혼은 행복하게만 느껴졌다. 그러나 현실은 만만하지 않았다. 외국인 며느리의 다른 점을 이해하지 못하는 시어머니를 모시는 일부터 만만치 않은 농사일과 집안일까지, 해야 할 일이 너무나 많았다.

"빨리빨리 하라고 화내는 시엄마 너무해요. 남편도 내 편 안 들어줘요. 베트남 가고 싶어요."

수화기 너머 탐이 울먹이던 때가 언제였던가. 한국염과 센터 활동가들은 그 지역 여성 단체와 연계해 탐에게 필요한 한국어 공부부터 시어른들을 위한 다문화 강의까지 서로를 이해하기 위한 프로그램을 만들었다.

이런 과정을 거치며 탐과 시댁 식구들은 마음을 열고 달라질 수 있었다.

아오자이와 논
아오자이는 베트남 전통 의상이다. 상의는 치마처럼 길게 내려오는데 허리 아래 양옆은 갈라져 있고 그 안에 바지를 입는다. 논(Non)은 베트남 사람들이 애용하는 삿갓 모양의 모자이다.

"선생님, 어린이집에 아오자이와 논을 가지고 가서 우리 베트남 문화를 설명하니까 아이들이 눈을 초롱초롱하게 뜨고 들었어요. 잘할 수 있을지 너무 걱정했는데 자신감이 조금 생기는 것 같아요."

첫 수업을 마치고 가벼운 걸음으로 센터를 찾은

탐은 행복한 웃음을 지었다.

센터의 교육을 통해 다문화 강사로 첫발을 뗀 탐은 수업 지도안을 만들 때까지만 해도 걱정이 이만저만이 아니었다. 그러나 우려와 다르게 첫 수업의 호응이 좋아 새로운 결심을 한 듯 보였다.

아이들이 다양한 문화를 받아들일 수 있게 좋은 길잡이로서 최선을 다하기로 말이다. 두 손을 맞잡으며 다부진 눈빛을 주는 탐 덕분에 한국엄도 웃을 수 있었다.

밝고 즐겁게 가정을 잘 꾸려 나가며 뿌리를 내리는 이주 여성들도 많다.

한국어도 열심히 배워 가며 경제적으로 넉넉하지 않은 집에 보탬이 되려고, 일하며 살림하며 바쁘게 살아가는 이주 여성들. 그들 가운데 센터에서 하는 교육을 받아 아이들에게 다문화를 알리는 강사로, 인권 전문가로, 가정 폭력 상담원으로, 이주 여성의 멘토로 거듭 성장해 가는 모습은 뿌듯한 일이었다.

"이렇게 자꾸 다문화 교육을 하다 보면 우리 아이가 다르게 생겼다고, 엄마가 베트남에서 온 사람이라고 놀림 받고 학교에서 따돌림 당하는 일도 나아지겠지요, 선생님?"

씩씩한 탐도 아이가 점점 성장해 가며 겪을 일들은 걱정인 것이다.

"탐, 그러니 우리 어른들이 열심히 사회에 알리자고요. 다문화 가정의 아이들도 우리 사회에 소중한 자산이라는 것을요."

한국염은 정부에 늘 목소리를 높여 다문화 가정 아이들의 교육 지원을 요구해 왔다.

아버지 나라 한국 문화와 어머니 나라 문화까지, 양쪽 문화 특성을 가진 이 아이들이 두 나라 사이를 잇는 교류 역할을 하는 사회인으로 성장하도록 말이다.

"다문화 가정 아이들이 이중 언어를 쓸 수 있게 지원이 필요합니다. 어머니 나라 말까지 특성화해서 쓸 수 있도록 격려해 나가야 해요."

이런저런 일들이 떠올라 마음이 괜스레 스산해질 때 지금은 세상을 떠나신 노교수님의 말씀을 한국염은 떠올려 본다.

"여성 운동을 콩나물 기르듯 긴 호흡으로 바라보렴. 콩나물에 붓는 물이 밑으로 새는 듯하지? 그래도 그 물을 먹고 콩나물은 자라지 않니. 실망하지 말고 기다려라."

'그래, 나는 마중물이 되는 거야. 물을 끌어올리기 위해 위에서 붓는 물처럼 내가 앞장서야지. 국제결혼으로 이 땅에 올 여성들을 위해, 또 열심히 살아가는 이주 여성들을 위해 든든한 지원자로 버팀목이 되어야 해.'

한국염은 다시 한 번 다짐해 본다.

2016년, 한국염은 15년 간 치열하게 일해 온 한국이주여성인권센터의 대표 자리를 후진들에게 맡기며 내려놓았다. "그렇지만 앞으로도 이주 여성 제도 개혁에 힘을 쏟을 것"이라며 "내가 존경하는 분들은 항상 시위대 맨 앞에 계셨던 어르신들인데, 그분들처럼 여성 운동 현장에 있고 싶다."며 여전한 열정을 보이고 있다.

안녕?! 오케스트라

좀처럼 웃지 않는 아이가 있었다. 까만 모자를 뒤집어쓴 채, 얼굴을 내보이기 싫다 하던 아이는 매 맞는 엄마의 불행을 자신 때문이라 여기고 있었다. 학교라는 세상을 향해 두드려도 두드려도 돌아오는 건 끊임없는 놀림과 따돌림뿐이었던 작은 아이 역시 웃음기 없는 지친 표정이었다.

2012년 가을, 이렇듯 수많은 편견과 차별에 상처받아 세상과 담을 쌓았던 다문화 가정 어린이들을 위해 비올리스트 리처드 용재 오닐은 기꺼이 멘토가 되기로 한다.

"음악은 완벽해요. 설명도 묘사도 필요 없죠. 당신이 누구든 어떤 생각을 가졌든 상관없어요. 음악은 완벽하기 때문에 소통하기만 하면 되는 거죠. …… 아이들에게 창의적인 도구를 만들어 주려고 노력할 뿐이죠. 음악의 힘은 우리가 살면서 겪는 좋지 않은 일들이 우리 삶을 파괴하도록 놔두지 않고 오히려 창조적으로 표출할 수 있도록 만들어요. …… 음악은 함께할 사람들도 만나게 해 줄 거예요. 살아간다는 건 공동체를 만들어 나가는 거잖아요."

　성공한 음악가이기 전에 그 또한 전쟁고아로 미국에 입양된 어머니와 미국인 조부모 밑에서 성장한 다문화 가정 아이였다. 아이들이 겪었을 상처를 이해하고 어루만지는 리처드 용재 오닐의 헌신이 아이들 마음을 열게 했음은 말할 것도 없었다.

　이렇게 모인 다문화 가정 아이들 24명과 총지휘자 겸 예술 감독을 맡은 리처드 용재 오닐 외에 음악 선생님들의 자원봉사로 꾸려진 〈안녕?! 오케스트라〉는 음악을 통해 세상과 소통할 수 있는 기회를 마련해 주고자 기획된 프로젝트였다.

　악보를 읽을 줄도 모르던 아이들은 음표부터 악기 잡는 법과 연주법까지 하나하나 공부를 시작했고, 수개월간의 연습을 거쳐 연주회에 서기까지 기적과 같은 성장을 보여 주었다. 아이들은 오케스트라를 통해 자신의 아픔을 스스로 씻어 내고 인정하며 세상으로 한발 나아가기 시작했던 것이다.

〈안녕?! 오케스트라〉는 수많은 사람들의 진심 어린 사랑과 응원 속에서 2013년 정부로부터 '꿈의 오케스트라' 사업으로 선정돼 지금까지 안산문화재단에서 운영해 오고 있다.

안산에는 반월국가산업단지를 비롯한 수많은 공장들이 있어 외국인 근로자는 물론, 많은 다문화 가정 아이들이 거주하고 있다. 하나의 지구촌인 안산에서 다문화·차상위 계층 아이들에게 대한민국 구성원으로 당당히 설 수 있는 꿈과 희망을 주는 오케스트라.

이제는 자신들이 받은 사랑을 세상에 되돌리고 싶다는 희망을 연주하고 있다.

참고 문헌

| 이태준 |

학술 연구 논문집

1. 기사명/저자명 의사(醫師) 이태준(1883~1921)의 독립운동과 몽골/반병률(한국외국어대학교 국제지역대학원 한국학과 교수)
   수록지 한국근현대사연구. 13 (2006. 6) 164~177쪽
   발행사항 한울아카데미

2. 기사명/저자명 의사 이태준(1883~1921)의 항일민족운동과 몽골/반병률(한국외국어대학교 국제지역대학원 한국학과 교수)
   수록지 역사문화연구. 특별호 (2005. 2) 277~302쪽
   발행사항 서울: 한국외국어대학교역사문화연구소, 2005.02.28.

3. 세미나 자료명/저자명 제3차 학술대회, 1993/대한의사학회
   발행사항 서울: 대한의사학회, 1993.

4. 기사명/저자명 몽고의 명의 이태준 선생/정구범(경북대학교 이공대학 컴퓨터공학부 교수)
   수록지 상주문화연구 제19집 (2009.) 115~121쪽

5. 한국의사 100년사로 본 의사 독립운동: 제1차 심포지엄/ 한국의사 100주년위원회

참고 서적

1. 『대암 이태준』, 송경희 글 김병주 그림 박형우 감수(대한의사학회장), 라이프플러스
2. 『약산과 의열단 조선독립순국열사전』, 박태원 글, 깊은샘
3. 『상하이 올드 데이스』, 박규원 글, 민음사
4. 『1923 경성을 뒤흔든 사람들』, 김동진 글, 서해문집

| 김영옥 |

학술 연구 논문집

1. 기사명/저자명 미국 전쟁영웅 16인에 뽑힌 유일한 아시아계 故 김영옥 대령: "망국의 한, 인종차별 딛고 戰史에 이름 남긴 인도주의자"/
수록지 신동아. 54권 8호 통권623호 (2011. 8) 202~211쪽
발행사항 신동아일보
2. 기사명/저자명 다시 살아나는 '전쟁 영웅' 김여옥 대령: 연극으로, 추모 음악회로, 전시회로, 교과서로/해외교포문제연구소 편
수록지 OK times : Overseas Koreans times. 통권 제177호 (2008. 8) 48~50쪽

발행사항 해외교포문제연구소

3. 기사명/저자명 김영옥의 전투일지: 총알도 피해간 불사조 '무적신화'로 적진 돌진/정장열(주간조선 기자)

　　　수록지 주간조선. 통권1867호 (2005. 8. 15) 14~18쪽

　　　발행사항 조선일보사 2005 524호

4. 기사명/저자명 '자유와 평화를 지켜낸 영웅' 커널 김: 2차대전과 한국전쟁의 전설, 86세 노병 김영옥 미 육군 대령: 그의 피엔 드거운 조국이 흐르고 있다/정장열(주간조선 기자)

　　　수록지 주간조선. 통권1867호 (2005. 8. 15) 10~13쪽

　　　발행사항 조선일보사

참고 서적

1. 『아름다운 영웅 김영옥』, 한우성 글, 나무와숲
2. 『어린이를 위한 아름다운 영웅 김영옥』, 한우성 글, 한준경 그림, 상상의집

| 양칠성 |

참고 서적

『적도에 묻히다 독립영웅, 혹은 전범이 된 조선인들 이야기』, 우쓰미 아이코·무라이 요시노리 글, 김종익 옮김, 역사비평사

| 이종욱 |

학술 연구 논문집

1. 기사명/저자명 WHO 신임 사무총장 이종욱: 결핵과의 전쟁 벌여온 '백신의 황제'/송상근(동아일보 사회2부 기자)

   수록지 신동아. 46권 3호 통권522호 (2003. 3) 328~334쪽

   발행사항 동아일보사

2. 기사명/저자명 전세계 보건의료분야, 이제 한국인이 진두지휘: 한국의 첫 WHO 사무총장 당선자 이종욱 박사/고미화(정경뉴스 기자)

   수록지 정경뉴스. 통권36호 (2003. 3) 116~119쪽

   발행사항 한국언론인연합회 2003 524호

3. 기사명/저자명 세계보건기구(WHO) 사무총장 당선자 이종욱: 한국인

최초 국제기구 선출직 수장 … 전세계 질병퇴치 총사령관 〈인터뷰〉 / 이종욱 ; 김성동(월간조선 기자)
수록지 월간조선. 24권 4호 통권277호 (2003. 4) 230~243쪽
발행사항 월간조선사 2003 524호

참고 서적
1. 『세계의 보건 대통령 이종욱』, 박현숙 글, 안은진 그림, 샘터
2. 『WHO 사무총장, 백신의 황제 이종욱 평전』, 데스몬드 에버리 글, 이한중 옮김, 최원식 감수, 나무와숲
3. 『옳다고 생각하면 행동하라』, 권준욱 글, 가야북스(절판)

| 한국염 |

직접 인터뷰한 내용과 신문 기사를 참조함.